CIP-Kurztitelaufnahme der
Deutschen Bibliothek
Mikrowellen-Kochbuch/Dr. Oetker
Red. Christa Schlüter-Zeitz (Ltg.)
Gisela Knutzen
Auflage Miele, November 1986
Ceres-Verlag Oetker 1986
ISBN 3-7670-0235-3

© **Copyright** 1986 by Ceres-Verlag Rudolf-August Oetker KG, Bielefeld

Redaktion Christa Schlüter-Zeitz (Ltg.)
Gisela Knutzen

**Titel-Foto
und Fotos
Kapitel-
Doppelseiten** Thomas Diercks, Hamburg

Innen-Fotos Thomas Diercks, Hamburg
Studio Büttner, Bielefeld
Herbert Maass, Hamburg
Christiane Pries, Borgholzhausen
Arnold Zabert, Hamburg

Druck H. Bösmann GmbH, Detmold

**Rezeptentwicklung
und -text** Annette Elges, Bielefeld

T.Nr. 2 307 730
K-50332109/44

Gedruckt auf Profimago
Ein Erzeugnis der Feldmühle AG

Miele
Mikrowellen-Kochbuch
DR.OETKER

Miele & Ceres-Verlag
Rudolf-August Oetker KG
Bielefeld

Kochen mit Miele-Mikrowelle

Diese moderne Art der Speisenzubereitung bedeutet schonendes, energiesparendes und schnelles Garen, Erhitzen und Auftauen von Lebensmitteln. Es heißt aber auch, sich umstellen auf eine neue Art des Kochens.

Damit Sie von Anfang an Freude an und mit Ihrem neuen Gerät haben, sollten Sie, bevor Sie sich mit dem Rezeptteil vertraut machen, den einführenden kleinen Ratgeber sorgfältig lesen. Diese ersten Seiten der Einstimmung sollen Sie informieren, wie Mikrowelle funktioniert, wie Sie problemlos damit umgehen können und welche Vorteile ein Miele Mikrowellen-Gerät bietet.

Der nachfolgend klassisch gegliederte Rezeptteil zeigt Ihnen dann die breite Palette der Möglichkeiten des Kochens mit Mikrowelle.

Mit zunehmender Praxis werden Sie zusätzliche eigene Erfahrenswerte im Umgang mit Ihrem stets einsatzbereiten, unermüdlichen Küchenhelfer sammeln und selbst Rezepte kreieren und ausprobieren und zum Genuß Ihrer ganzen Familie und Ihrer Gäste servieren.

Wir wünschen viel Freude mit Ihrem neuen Miele-Gerät und diesem Buch als unterstützenden, hilfreichen Begleiter.

Ihre
Miele & Cie.
4830 Gütersloh

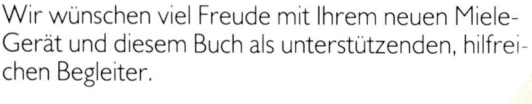

Der kleine Miele-Mikrowellen-Ratgeber

Mikrowelle — was ist das und wie funktioniert das?

Vorab — Ihr neues, formschönes Miele-Mikrowellen-Gerät ist die ideale Ergänzung zu Herd und Backofen. Es soll und will Ihre herkömmlichen Geräte nicht ersetzen. Seine Stärke ist das schonende, schnelle und energiesparende Auftauen, Erhitzen und Garen von Speisen.

Ein Mikrowellen-Gerät besteht aus einem Garraum mit Metallwänden — die auch lackiert sein können — und einem eingebauten Magnetron, einer Hochfrequenzröhre. Dieses Magnetron verwandelt den elektrischen Strom in elektromagnetische Schwingungen, in Mikrowellen.

Die Wellen werden von einem Metallventilator gleichmäßig im gesamten Garraum verteilt und gleichzeitig von den Metallwänden des Garraums reflektiert.
So gelangen die Mikrowellen von allen Seiten an das Lebensmittel.

Mikrowellen durchdringen Porzellan, Glas, Pappe, Stoff, Kunststoff, aber **kein Metall**. Deshalb sind Gefäße aus Metall und Gefäße, die mit diesem Material versehen sind (Dekor) ungeeignet für Ihr Mikrowellen-Gerät.

Der Unterschied zwischen einem Mikrowellen-Gerät und einem konventionellen Herd liegt im System.

Bei den herkömmlichen Herden wird die Wärme über Wärmeströmung (Backofen), Wärmeleitung (Kochplatte) und über Wärmestrahlung (Grill) von außen an das Gargut herangeführt, d.h. die Wärme dringt langsam durch das Innere und über Zwischenträger wie Wasser, Fett an die zu garende Speise. Im Mikrowellen-Gerät dagegen wird die erforderliche Wärme ohne Zwischenträger in den Lebensmitteln direkt erzeugt. Und das passiert so:

Bekanntlich enthält jedes ·Nahrungsmittel Wasser. Diesen natürlichen Wassergehalt nutzen die Mikrowellen aus. Sie setzen die Wassermoleküle im Lebensmittel in Bewegung. Durch die starken Schwingungen der Moleküle entsteht Wärme, die von der Außenseite zum Kern der Speise wandert und sie auftaut, erhitzt und/oder gart. Diese direkte Wärme-Erzeugung in den Speisen ermöglicht es, daß Nahrungsmittel im allgemeinen ohne bzw. mit wenig Flüssigkeit — oder Fett-Zusatz in das Mikrowellen-Gerät gegeben werden können und schneller auftauen, erhitzen oder garen als mit Hilfe eines herkömmlichen Herdes. Hinzu kommt, daß die Nährstoffe wie Vitamine und Mineralstoffe weitgehend erhalten bleiben und sich auch die natürliche Farbe und der Eigengeschmack der Nahrungsmittel kaum verändern.

Was Sie beachten sollten — Nahrungsmittel, die im Mikrowellen-Gerät zubereitet werden, sollten — je nach Speise — zwischen 1 — 10 Minuten (s. Rezept-Angaben) nach dem Garvorgang außerhalb des Gerätes abgedeckt ruhen. Während dieser Zeit wird die Ausgleichswärme gleichmäßig in der Speise verteilt; das Gericht gart also noch nach.

Vom Umgang mit dem Miele-Mikrowellen-Gerät

Bevor Sie Ihr Mikrowellen-Gerät in Betrieb nehmen, sollten Sie bedenken und sich darauf einstellen, daß mit einem Mikrowellen-Gerät anders gearbeitet wird, als mit einem herkömmlichen Herd.

Das fängt bei den Kochgeschirren an. Geeignet sind alle Geschirr-Arten, die einen direkten Durchgang der Mikrowellen zum

Kochgut ermöglichen. Dazu gehören feuerfestes und normales Glas (außer Kristall, das meist Blei enthält und deshalb im Mikrowellen-Gerät springen kann), Porzellan (ohne

Metall-Dekor/Goldrand) und Keramik. Bemalte Keramik (Steingut) aber nur, wenn sich das Muster unter der Glasur befindet. Darüber hinaus bietet Miele ein spezielles Bräunungs-Geschirr für Mikrowellen-Geräte an, das als Sonderzubehör über den Elektro-Fachhandel zu beziehen ist.

Dieses Geschirr hat einen Wärmespeicherkern im Boden, der sich stark erhitzt, wenn das Geschirr **leer** vorgeheizt wird.

Die Vorheizzeiten sind unterschiedlich lang und richten sich nach der Größe des Bräunungs-Geschirrs und nach der Speise (s. dazu Rezepte/Tabelle/Gebrauchsanweisung). Bitte achten Sie darauf, daß das Bräunungs-Geschirr außerhalb des Gerätes immer auf einen Metall-Untersatz oder -fläche gestellt wird, da der Boden des Geschirrs sehr heiß wird.

Natürlich erreichen die Nahrungsmittel im vorgeheizten Bräunungs-Geschirr keine Pfannenbräune, sondern nur eine helle, leichte Bräune.

Ebenfalls speziell für Mikrowellen-Geräte gibt es ein hitzebeständiges Kunststoff-Geschirr, das auch im Fachhandel angeboten wird.

7

Bedingt mikrowellengeeignet sind auch Aluminiumschalen. Fertiggerichte werden meistens in Aluschalen angeboten. Sie können darin erhitzt werden (s. dazu Firmen-Gebrauchsanweisung), allerdings ohne Deckel. Wichtig dabei ist, daß die Folie die Seitenwände des Gerätes nicht berührt und der Aluschalenrand nicht höher als 2 cm ist.

Auch Bratfolie — allerdings ohne Metall-Verschluß — eignet sich als Behälter für das Mikrowellen-Gerät. Der Folienbeutel wird mit einem festen Bindfaden so sorgfältig verschlossen, daß sich der Faden während des Garens nicht lösen kann.

Metallspieße und -klammern können ebenfalls verwendet werden, sofern die Fleischportionen sehr viel größer sind als das Metall

Ungeeignet für Ihr Mikrowellen-Gerät sind alle Geschirr-Arten aus Metall oder mit Metall-Auflage (Dekor). Mikrowellen werden von Metall reflektiert und verhindern somit den Kochvorgang.

Den Spitzenmodellen liegt ein Temperaturfühler/Speisen-Thermometer bei, der/das sich besonders beim Garen von großen Fleischstücken bewährt. Der Temperaturfühler wird schräg in das Fleisch hineingesteckt. Sobald im Innern des Fleischstückes die vorgewählte Temperatur erreicht ist, schaltet der Temperaturfühler das Gerät ab.

Beim Garen mit Temperaturfühler sollten Sie darauf achten, daß

— die Spitze des Fühlers immer 1 — 2 cm über das Zentrum des Fleisches hinausragt, mindestens aber bis zur Hälfte eingetaucht ist;

— der Temperaturfühler schräg (im 45°-Winkel) und nicht senkrecht einge-

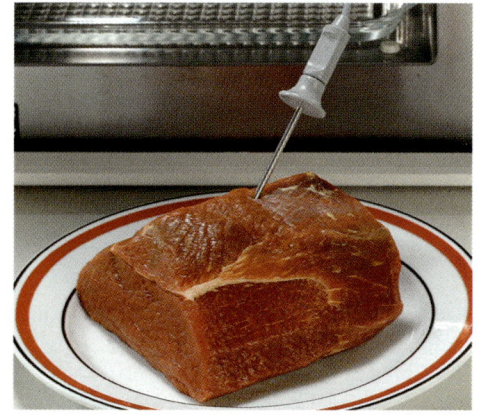

steckt wird, das könnte das Meßergebniß verfälschen und das Gerät zu früh abschalten;

— die Meßspitze keine Knochen berührt oder an fettreichen Stellen eingestochen wird. Auch das könnte zum vorzeitigen Abschalten des Gerätes führen (s. Rezepte und Gebrauchsanweisungen).

Empfehlenswert ist es, die Nahrungsmittel abgedeckt zu garen. Das beschleunigt den Erhitzungsvorgang des Gargutes und verhindert, insbesondere bei längeren Garzeiten, ein Austrocknen der Speise (s. Rezept-Angaben). Um bei unterschiedlich großen Nahrungsmitteln (Geflügel, Fleischstücke etc.) ein gleichmäßiges Auftauen, Erhitzen oder Garen zu erreichen, sollten die flacheren Teile während der letzten Garminuten mit einem Stück Alufolie abgedeckt werden. Dabei ist zu beachten, daß die Folie mindestens etwa 2 cm von den Innenwänden des Mikrowellen-Gerätes entfernt ist. Sie darf nicht die Wände berühren.

Die meisten Nahrungsmittel werden kurze Zeit auf höchster Leistungsstufe erhitzt und auf dem Nahrungsmittel entsprechend niedrigerer Leistungsstufe weitergegart (s. Rezept-Angaben).

Bitte beachten Sie, daß die Gardauer im Mikrowellen-Gerät abhängig von der Menge und der Art der Speise ist.

Faustregel: Doppelte Menge des Gargutes erfordert auch die doppelte Garzeit. Es ist deshalb jeweils abzuwägen, ob es evtl. günstiger ist — das gilt besonders für das Erhitzen von fertigen Speisen — das jeweilige Gericht portionsweise zu erhitzen.

Bei größeren Speisenmengen ist es ratsam, das Gericht zwischendurch umzurühren, um Temperatur-Unterschiede auszugleien (s. Rezept-Angaben).

Die Reinigung Ihres Mikrowellen-Gerätes ist problemlos. Da das Gerät sich nicht erhitzt, können evtl. Verschmutzungen im Gerät, Fett und dergleichen nicht anbzw. einbrennen. Keine starken Putzmittel sind mehr notwendig, um Ihr Mikrowellen-Gerät wieder auf Hochglanz zu bringen. Es genügt, das Gerät nach jedem Gebrauch mit einem Spültuch, das Sie in Wasser, das mit einem handelsüblichen, milden Spülmittel versehen ist, getaucht haben, auszuwischen. Das gilt natürlich auch für das verwendete Kochgeschirr. Auch hier erübrigt sich beschwerliches Putzen und Scheuern.

Welche Vorteile bringt Ihnen Ihr Mikrowellen-Gerät?

Machen Sie sich möglichst schnell vertraut mit Ihrem Mikrowellen-Gerät, denn erst, wenn Sie seine vielen Vorteile kennen und richtig einsetzen, werden Sie es optimal nutzen.

Ihr neuer, moderner und musterhaft arbeitender Küchenhelfer ist rund um die Uhr einsatzbereit für die eilige und auf Vorrat planende Hausfrau, für Berufstätige, die ihre Freizeit nicht gern mit langwierigem Kochen und Braten verbringen möchten, einfach für alle, die schonend, gesund, schnell und energiesparend kochen möchten.

✻ Kein Problem mehr, wenn die einzelnen Familienmitglieder zu unterschiedlichen Zeiten nach Hause kommen.
Das Essen kann portionsweise auf die Teller gegeben werden und wird einzeln — je nach Bedarf — schonend erwärmt und schmeckt wie gerade frisch zubereitet.

✻ Berufstätige brauchen nicht mehr Stunden ihres wohlverdienten Feierabends am Herd zu verbringen. Ob ein vorbereitetes Gericht nur erhitzt zu werden braucht oder schnell noch eine kleine Mahlzeit zubereitet werden soll, im Mikrowellen-Gerät geht alles schnell und zuverlässig.

✻ Überraschender Besuch, kurzfristig angesagte Geschäftsfreunde sind oft ein Alptraum für die geplagte Hausfrau. Das gehört jetzt der Vergangenheit an. Bei vorausschauender Planung kann ein komplettes Menü in kürzester Zeit auf dem Tisch stehen. Entweder frisch im Mikrowellen-Gerät gegart, oder es genügt ein Griff in die Tiefkühltruhe, wo auf Vorrat gegarte, fertige Gerichte auf eine solche Gelegenheit warten, um schonend aufgetaut und erhitzt serviert zu werden.

✻ Nutzen Sie die ruhigeren Zeiten im Haushalt und kochen Sie in Ihrem Mikrowellen-Gerät auf Vorrat für den nächsten Tag oder zum Einfrieren zur späteren Verwendung. Sie wissen ja: Aufgetaut und kurz erhitzt schmeckt das Gericht wie eben fertiggestellt und sieht frisch und knackig aus, so daß auch das kritische Auge eines Genießers keinen Grund zum Tadel finden wird.

✻ Gesund leben heißt vor allem auch, sich gesund ernähren. Vitaminreich und leicht soll die Kost sein.

✻ Durch das kurze und schonende Garen im Mikrowellen-Gerät mit nur wenig oder gar keiner Flüssigkeit, bleiben den Speisen wichtige Nährstoffe wie Vitamine und Mineralstoffe weitgehend erhalten. Und auch die natürliche Farbe der Nahrungsmittel und ihr Eigengeschmack verändern sich kaum.

✻ Ein weiterer, nicht unwesentlicher Vorteil ist, daß beim Garen im Mikrowellen-Gerät wenig Geschirr gebraucht wird. Viel lästiger Abwasch wird eingespart.

Denn — die meisten Speisen können im Kochgeschirr serviert werden und fertige Gerichte geben Sie zum Erhitzen gleich auf das Eßgeschirr.

✱ Es gibt auch kein Anbrennen von Speisen mehr, das Aussehen und Geschmack verändern könnte.

Sie sehen, die Vorteile, die Ihr Mikrowellen-Gerät mitbringt, sind beachtlich.

In der Praxis werden Sie noch viele, weitere positive Eigenschaften feststellen, die Ihr Mikrowellen-Gerät bald zum unentbehrlichen Helfer in der Küche machen wird.

Und das leistet Ihr Mikrowellen-Gerät

✱ Auftauen
✱ Erhitzen
✱ Auftauen mit nachfolgendem Erhitzen
✱ Garen

Für diese verschiedenen Möglichkeiten haben wir in den nachstehenden Tabellen die wichtigsten Nahrungsmittel mit den entsprechenden Einstellungen und Zeiten aufgeführt.

Darüber hinaus finden Sie auch einige Angaben über Zubereitungszeiten mit notwendigen Vorheizzeiten bei der Verwendung des Bräunungsgeschirrs sowie Angaben über die erforderlichen Grad-Einstellungen bei Benutzung des Temperaturfühlers.

Auftauen

Art	Menge	Leistung Watt	Zeit Min.	Ausgleichszeit b. Zimmertemperatur Min.
Fleisch				
Fleisch	500 g	150	15−20	5−10
Fleisch	1000 g	150	30−40	5−10
Schnitzel/Steak	200 g	150	4−5	2−3
Hackfleisch	ca. 250 g	150	10−12	10
Wild				
Hasenrücken/-keule	600 g	150	15−20	10−15
Rehrücken/-keule	1000 g	150	20−25	10−15
Fasan	ca. 800 g	150	30−35	10−15
Geflügel				
Hähnchen	ca. 1000 g	150	35−40	10−15
Suppenhuhn	1500 g	150	45−50	15−20
Ente	2000 g	150	45−50	30−40
Putenkeulen	ca. 500 g	150	15−20	10−15
Fisch				
Fischfilet	250 g	150	6−7	10
Fisch im Stück	500 g	150	12−15	10−15
Forelle	170 g	150	5	10
Milchprodukte				
Schlagsahne	250 ml ($1/4$ l)	80	10−12	5
Butter	250 g	80	8−10	5
Käse	250 g	80	6−8	10−15
Milch	500 ml ($1/2$ l)	150	8−10	10
Quark	250 g	150	6	10
Kuchen / Gebäck / Brot				
Sandkuchen	1 Stck. 100 g	150	1	5
Obstkuchen	3 Stck. ca. 300 g	150	6−7	10−15
Butterkuchen	3 Stck. ca. 300 g	150	5−6	5−10
Sahne/Cremetorte	1 Stck. ca. 100 g	150	$1/2$−1	5−10
Hefegebäck	4 Stck.	150	5−6	5−10
Blätterteiggebäck	4 Stck.	150	6−7	5−10
Brötchen	1 Stck. ca. 50 g	150	1−1$1/2$	5−10
Brötchen	4 Stck. ca. 200 g	150	4−5	5−10
Weißbrot	ca. 400 g	150	7−8	10−15
Toastbrot	1 Scheibe	150	$1/2$−1	ca. 3−4
Graubrot	ca. 500 g	150	8−10	10−15
Obst / Gemüse				
Erdbeeren	250 g	150	7−8	10−15
Johannisbeeren	250 g	150	7−8	10−15
Himbeeren	250 g	150	6−7	10−15
Erbsen	250 g	150	10−12	5−10
Spargel	250 g	150	10−12	10−15
Bohnen	500 g	150	15−18	10−15
Rotkohl	500 g	150	15−20	10−15

✳ Damit ein gleichmäßiges Auftauen gewährleistet ist, sollten feste Speisen während der Auftauzeit einmal gewendet und Flüssigkeiten einmal umgerührt werden.

✳ Die Auftauzeiten für Schlagsahne, Käse, Sahne- und Creme-Torten sind so berechnet, daß diese Nahrungsmittel nur angetaut werden, um dann während der Ausgleichszeit bei Zimmertemperatur völlig aufzutauen.

✳ Beerenfrüchte, z.B. Erdbeeren, Himbeeren, Johannisbeeren, möglichst flach im Auftaugefäß verteilen.

✳ Gemüse wie Bohnen, Erbsen sollten nach der Hälfte Auftauzeit etwas auseinandergebreitet werden.

Erhitzen

Art	Menge	Leistung 700 Watt Minuten	Leistung 450 Watt Minuten	Ausgleichszeit b. Zimmertemperatur Minuten
Getränke				
Kaffee	1 Tasse, 125 ml ($^1/_8$ l)	$^1/_2$ — 1	—	—
Milch	125 ml ($^1/_8$ l)	$^1/_2$ — 1	—	—
Wasser	125 ml ($^1/_8$ l)	1 — 1 $^1/_2$	—	$^1/_2$
Baby-Flasche (Milch)	ca. 200 ($^1/_5$ l)	1 — 1 $^1/_2$	—	—
Glühwein/Grog	1 Glas	1 $^1/_2$ — 2	—	$^1/_2$
Verschiedene Speisen				
Kindernahrung	1 Glas, ca. 200 g	1 — 2	—	1
Schokolade	100 g	—	2 — 3	—
Margarine/Butter	100 g	—	1 — 1 $^1/_2$	—
Weinschaumsoße	250 ml ($^1/_4$ l)	—	2	—
Suppe	250 ml ($^1/_4$ l)	2 — 3	—	1
Suppe	500 ml ($^1/_2$ l)	4 — 6	—	2
Brühwurst in $^1/_4$ l Wasser	100 g	—	2 — 3	1
Fertiggerichte				
Gulasch mit Nudeln	500 g	5 — 7	—	2
Hühnerfrikassee mit Reis	400 g	4 — 5	—	2
Nudeln mit Tomatensoße	300 g	3 — 4	—	2
Eier in Senfsoße und Kartoffeln	300 g	3 — 4	—	—
Erbseneintopf	500 g	5 — 6	—	2
Gemüse	250 g	2 — 4	—	1 — 2
Gemüse	500 g	4 — 5	—	2
Kotelett, gebraten	150 g	1 $^1/_2$ — 2	—	2
Fischfilet, gebacken	200 g	1 $^1/_2$ — 2	—	2
Braten	500 g	6 — 8	—	3
Braten	200 g	2 — 4	—	1 — 2
Kartoffelpuffer/Pickert	250 g	3 — 4	—	1

Erhitzen

✳ Die erforderliche Erhitzungszeit ist abhängig von der Beschaffenheit, der Menge und der Ausgangstemperatur der Speisen.

✳ Um ein Austrocknen der Speisenoberfläche zu vermeiden, sollten fertige Gerichte nur abgedeckt erhitzt werden. Größere Speisemengen während des Erhitzens ab und zu umrühren, und zwar die äußeren Schichten zur Mitte, da sich die Ränder schneller erhitzen.

✳ Babynahrung und Senioren-Kost wird

am besten mit Hilfe eines Temperaturfühlers erhitzt. Das verhindert eine Überhitzung der Nahrung.

Auftauen und Erhitzen (von Fertiggerichten)

Speise	erforderl. Flüssigkeit	Leistung 700 Watt Ca.	Leistung 450 Watt Ca.	Ausgleichzeit b. Raumtemperatur/Min.
Tortellini (300 g)	mit 200 ml (¹/₅ l) Milch	5 Minuten	5 Minuten	2
Cannelloni (450 g)	in	4 Minuten	12 – 13 Minuten	3 – 5
Eintopf (z.B. Linsen, 400 g)	mit 500 ml (¹/₂ l) Wasser	7 Minuten	9 – 10 Minuten	3 – 4
Gemüsetopf (300 g) (z.B. Provencalischer Gemüsetopf	mit 75 ml Wasser	5 Minuten	7 Minuten	2 – 3
Chinesischer Gemüsetopf (275 g)	mit 100 ml Wasser	5 Minuten	4 – 5 Minuten	1 – 2
Tiefkühl-Suppen (750 ml (³/₄ l) (z.B. Bihun-Suppe)	mit 600 ml Wasser	8 Minuten	7 Minuten	2 – 3
Chop Suey (300 g)	mit 250 ml (¹/₄ l) Wasser	5 Minuten	5 Minuten	1 – 2
Rahmspinat (450 g)		5 Minuten	8 – 10 Minuten	2 – 3
Rahmporree (450 g)		7 Minuten	7 – 8 Minuten	2 – 3
2 Kohlrouladen (300 g)	375 ml (³/₈ l) Wasser mit dem Soßen-Konzentrat	5 Minuten		
	Rouladen hinzugeben	3 Minuten	10 Minuten	3
2 Rinderrouladen (300 g)	375 ml (³/₈ l) Wasser mit dem Soßen-Konzentrat	5 Minuten		
	Rouladen hinzugeben	3 Minuten	10 Minuten	3
Fisch-Schlemmerfilet (400 g)		4 Minuten	8 Minuten	3 – 4

Garen

Art	Menge	Leistung 700 Watt Minuten	Leistung 450 Watt Minuten	Ausgleichzeit b. Zimmertemperatur Minuten
Fleisch				
Rinderbraten	500 g	4−5	+ 15−20	6−10
Schweinebraten	500 g	6	+ 10−15	5−10
Kotelett/Schnitzel	2 Stck. 300 g	ca. 4	−	−
Steak	2 Stck. 300 g	ca. 3	−	−
Hackbällchen	3 Stck. 500 g	6−8	+ 10−15	4−5
Leber	200 g	3−5	−	−
Kalbfleisch	500 g	2−3	+ 15−20	2−3
Fisch				
Fischfilet in Soße	500 g	5	+ 10−15	2−3
Forellen	2 Stck. ca. 350 g	8−10	−	1−2
Schlemmerfilet	ca. 400 g	5	+ 10	2−3
Schnecken	12 Stck.	−	4	−
Geflügel				
Hühnergeschnetzeltes mit Currysoße	ca. 500 g	5	+ 5−10	3−5
Gemüse / Nudeln / Reis / Kartoffeln				
Blumenkohl	500 g	5	+ 10−15	−
Broccoli	300 g	5	+ 5−7	−
Karotten	300 g	5	+ 5−10	−
Überbackene Tomaten	500 g	−	6−8	−
Nudeln	200 g	5	+ 12−15	−
Reis	250 g	5	+ 10−15	−
Kartoffeln	500 g	5	+ 5−10	−
Klöße halb/halb	4 Stck.	10	+ 10−12	−
Nachspeisen				
Bratäpfel	2 Stck.	3−4	−	−
Äpfel in Weinsoße	4 Stck.	6−8	−	−
Birne Helene	4 Stck.	3−5	−	−
Grießpudding	500 ml (½ l)	8	+ 5	2−3
Milchreis	500 ml (½ l)	7	+ 15	2−3
Aprikosencreme	500 ml (½ l)	3−4	−	−
Vanillepudding	500 ml (½ l)	6−8	−	−

Die Ausgleichszeiten sind erforderlich, damit die Wärme sich gleichmäßig in der Speise verteilen kann. Während der Ausgleichszeit sollte die Speise abgedeckt sein.

Bräunungs-Geschirr

Das Bräunungs-Geschirr besteht aus einer größeren und einer kleineren Spezialschüssel mit Deckel. Der Boden des Bräunungs-Geschirrs hat einen Wärme-Speicherkern, der die Mikrowellen absorbiert, wenn das Kochgeschirr **leer** im Gerät aufgeheizt wird. Die im Boden des Bräunungs-Geschirrs gespeicherte Hitze bräunt das Nahrungsgut.

15

Zubereitungszeiten im Bräunungs-Geschirr

Bräunungsgut	Menge	Vorheizzeiten in Minuten	Garzeiten in Minuten 1. Seite	2. Seite
Steaks (englisch)	2×200 g	6−8	1−2	1−2
Koteletts	2×150 g	6−8	1−2	2−3
Hacksteaks	2×250 g	6−8	3−4	3−4
Leber	2×120	6−8	1	2
Fischstäbchen (tiefgefroren)	300 g	6−8	2	2
Fischfilet	300 g	6−8	3	3
Hähnchenbrust	4 Stück	6−8	3−5	3−5
Bratkartoffeln	1 Portion	3−4	1/2−1	1−1 1/2
Würstchen	5 Paar	4−5	2	2
Pizza (tiefgefroren)	300 g	4−5	4	−
Spiegeleier	2 Stück	3−5	1	(dann 3 Min. stehenlassen)
Brötchen auftauen	4 Stück	2−3	3/4−1	3/4−1

✳ Das Bräunungsgeschirr muß vor jedem Gebrauch aufgeheizt werden. Sollen mehrere Portionen **hintereinander** im Bräunungsgeschirr zubereitet werden, so ist das Geschirr für die 1. Portion max. 5 Minuten (s. Tabelle), für weitere Portionen **nur etwa die Hälfte der ersten Aufheizzeit** vorzuheizen.
Ein Überschreiten dieser angegebenen Aufheizzeiten könnte ein Zerspringen des Geschirrs zur Folge haben.

✳ Das Bräunungs-Geschirr kann auch als normales Geschirr für das Mikrowellen-Gerät verwendet werden. Es ist aber **nicht** für das Kochen/Braten auf dem herkömmlichen Herd geeignet; das würde die Spezial-Einlage im Boden des Geschirrs zerstören.

✳ Tiefgekühlte Nahrungsmittel sollten vollständig aufgetaut und trockengetupft sein, wenn sie in das Bräunungs-Geschirr gegeben werden, da Eiskristalle auf dem Gargut eine Bräunung verhindern.

Kerntemperatur ist gleich Gar/Erhitzungstemperatur

Kerntemperatur für

Rinderbraten .... 80−85° C
Rinderfilet/Roastbeef
● englisch .... 40−45° C
● medium .... 50−55° C
● durchgebraten .... 60−65° C
Schweinebraten, Schinken
Nackenstück .... 80−85° C
Schweinefilet,
Kotelettstück .... 70−75° C
Kasseler .... 75−80° C
Hackbraten .... 70−75° C
Kalbsbraten .... 70−75° C
Kalbsnierenbraten .... 75−80° C
Lamm .... 80−85° C
Geflügel .... 85° C
Wild .... 75−80° C
Reh-/Hasenrücken .... 65−70° C
Fisch .... 75° C

Erhitzungstemperatur für

Babynahrung .... 35° C
Senioren-Kost .... 60−65° C
Getränke wie
Milch, Tee,
Kaffee, Grog .... 60−65° C

Kerntemperatur

Die Benutzung des Temperaturfühlers bietet sich hauptsächlich für das Garen großer Fleischstücke und für das Erhitzen von Babynahrung, Senioren-Kost und Getränken an.

Die Arbeiten mit dem Temperaturfühler/ dem Speisen-Thermometer bringt den Vorteil, daß immer der richtige Garpunkt oder der gewünschte Erhitzungsgrad einer Speise erreicht wird.
Die Einstellung der Kerntemperatur (Grad) erfolgt immer in Verbindung mit der im Rezept angegebenen Watt-Zahl.

Sobald der Garvorgang beendet ist, wird das Fleisch/der Fisch mit Alufolie abgedeckt und soll noch etwa 10 Minuten bei Zimmertemperatur ruhen (s. auch Rezept-Angaben). Während dieser Zeit steigt die Kerntemperatur noch um 5−10° C, d.h. das Fleisch gart nach.

Leistungsbereiche der Miele-Mikrowellen-Geräte (Mikrowellenleistung) in Watt (W)

Die Rezepte in diesem Buch sind mit der Leistungsstufe 700 Watt für das Garen/Ankochen und 450 Watt für das Fortkochen/ Erhitzen erarbeitet.
Die nachfolgende Aufstellung dient als Anhaltspunkt zum Nachvollziehen der Rezepte in Mikrowellen-Geräten mit anderen Leistungsstufen.
Beim Garen von Nahrungsmitteln ist die Zeit-Differenz pro 100 Watt +/− 1 Minute, d.h. wird das Gericht mit Leistungsstufe 700 Watt etwa 3 Minuten gegart, so braucht es bei 600 Watt Leistungsstufe etwa 4 Minuten.

Besonderheiten der Geräte:

Tasten, Drehwahlschalter oder Sensortasten (Elektronik)
herausnehmbare Glasplatte
Temperaturfühler/Speisen-Thermometer

Anzahl der Leistungsstufen der Geräte	schonendes Auftauen	Auftauen	Fortkochen Erhitzen	Garen Erhitzen
2-Stufen-Geräte		150 W		600 W
3-Stufen-Geräte		150 W	450 W	700 W
4-Stufen-Geräte	80 W	150 W	450 W	700 W
Geräte mit stufenloser Leistungsregelung	65–140 W	140–210 W	210–280 W 280–420 W	490–700 W

Vorspeisen und kleine Gerichte mit Pfiff

Tips:

Die in den Rezepten angegebenen Zeiten sind Richtwerte. Sie können sich je nach Ausgangstemperatur, Beschaffenheit der Lebensmittel und Menge verändern.

Beim Überbacken von Gerichten mit Käse, zunächst nur kurze Garzeiten einstellen, da Käse schnell zerläuft. Evtl. Zeit nachstellen.

Erbsen-Schinken-Ragout in Pasteten

(4 Portionen — Foto S. 18/19)

1 Zwiebel **1 Eßl. Butter**	abziehen, würfeln, mit in eine Glas- oder Porzellan-Schüssel geben, abgedeckt **etwa 3** bei **700 Watt** dünsten
300 g tiefgekühlte **Erbsen**	hinzufügen, abgedeckt etwa **4 Minuten** bei **700 Watt** garen, umrühren, weitere etwa **5 Minuten** bei **450 Watt** garen
100 g gekochten **Schinken** **1/2 Becher (75 g)** **Crème fraîche** **Salz** **Pfeffer** **Pilz-Sojasoße** **(aus dem Reformhaus)**	in Würfel schneiden, mit zu den Erbsen geben, mit würzen, abgedeckt etwa **2 1/2 Minuten** bei **450 Watt** garen
1 Eßl. gehackte **Petersilie** **1 Eßl. feingeschnit-** **tenen Schnittlauch** **4 Blätterteigpasteten** **mit Deckel** **(fertig gekauft)**	 unterrühren auf einen Teller setzen, offen **1 1/2—2 Minuten** bei **700 Watt** erwärmen, auf 4 Teller geben, mit dem Ragout füllen, jeweils etwas Ragout neben die Pasteten geben, mit
Zitronenspalten **Tomatenachten** **Petersilie** **Gesamt-Garzeit:**	 garnieren 16—17 Minuten.

Hähnchenragout (3—4 Portionen)

3 Frühlingszwiebeln **oder 1 Stange Porree**	putzen (Porree längs halbieren), waschen, in Scheiben/Ringe schneiden
125 g Champignons	putzen, waschen, in Scheiben schneiden (große Pilze vorher halbieren) beide Zutaten mit
1 Eßl. Butter	in eine Glas- oder Porzellan-Schüssel geben, abgedeckt etwa **4 Minuten** bei **700 Watt** garen

250 ml (¹/₄ l) Instant-Hühnerbrühe	hinzugießen
3 Hähnchenbrustfilets (etwa 375 g)	unter fließendem kaltem Wasser abspülen, trockentupfen, in Streifen schneiden, zu dem Gemüse geben, mit
Salz Pfeffer Currypulver	würzen
I schwach gehäuften Eßl. Weizenmehl	mit
I Teel. Butter	mit Hilfe einer Gabel vermengen, mit
I Eßl. Crème fraîche	zu dem Fleisch-Gemüse geben, abgedeckt **6—8 Minuten** bei **700 Watt** garen, zwischendurch einmal und am Ende der Garzeit nochmals umrühren das Hähnchenragout mit Salz, Pfeffer abschmecken
Gesamt-Garzeit:	Etwa 12 Minuten.
Tip:	Das Hähnchenragout in erhitzte Blätterteig-Pasteten füllen oder mit Toast reichen.

Weinbergschnecken in Safran-Gemüse-Sauce

(3—4 Portionen)

I Bund Suppengrün	putzen, waschen, Möhre und Sellerie grob raspeln, Porree längs halbieren, in feine Streifen schneiden
I Petersilienwurzel	putzen, waschen, grob raspeln
I—2 Schalotten	abziehen, fein würfeln, mit
I Eßl. Butter	in eine Glas- oder Porzellan-Schüssel geben, abgedeckt etwa **3 Minuten** bei **700 Watt** dünsten das Gemüse mit
3 Eßl. Weißwein	hinzufügen
3 Dutzend Weinbergschnecken	abtropfen lassen, die Flüssigkeit auffangen die Schneckenflüssigkeit mit
I Döschen gemahlenem Safran Salz frisch gemahlenem weißem Pfeffer gemahlenem Rosmarin	zu dem Gemüse geben, mit würzen, abgedeckt etwa **4 Minuten** bei **700 Watt** garen
I Becher (150 g) Crème fraîche	mit den Schnecken hinzufügen, abgedeckt weitere etwa **4 Minuten** bei **700 Watt** garen, mit Salz, Pfeffer abschmecken, sofort servieren
Gesamt-Garzeit:	Etwa 11 Minuten.
Beigabe:	Stangenweißbrot oder Toast.

21

Marinierte Champignons
(3–4 Portionen – Foto S. 23)

	Für die Marinade
4 Eßl. Olivenöl	mit
gut 125 ml (¹/₈ l) Wasser	
4 Eßl. Zitronensaft	
2 Lorbeerblättern	
Salz	
Pfeffer	
1 Teel. italienischer Kräutermischung	in eine Glas- oder Porzellan-Schüssel geben
2 Knoblauchzehen	abziehen, durchpressen, in die Marinade geben, abgedeckt etwa **2 Minuten** bei **700 Watt** erhitzen
500 g kleine Champignons	putzen, waschen, abtropfen lassen, in die Marinade geben, abgedeckt etwa **7 Minuten** bei **700 Watt** garen, mit Salz, Pfeffer abschmecken, mehrere Stunden oder über Nacht durchziehen lassen
Gesamt-Garzeit:	Etwa 9 Minuten kurz vor dem Servieren die Marinade abgießen, die Champignons mit
1–2 Eßl. gehackter Petersilie	verrühren, auf Glastellern anrichten, mit
Tomatenachteln Petersilie	garnieren.
Beigabe:	Toast, Butter.

Geflügelleber-Mousse (Etwa 10 Portionen)

2–3 Schalotten	abziehen, würfeln, mit
1 Eßl. Butter	in eine Glas- oder Porzellan-Schüssel geben, abgedeckt etwa **3 Minuten** bei **700 Watt** dünsten
1 Zweig Thymian	
1 Zweig Majoran	
einige Rosmarinnadeln	die Kräuter vorsichtig unter fließendem kaltem Wasser abspülen, trockentupfen, mit dem
Saft von 1 Orange	
3 Eßl. Portwein	zu den Schalottenwürfel geben, abgedeckt etwa **5 Minuten** bei **450 Watt** garen, abkühlen lassen, die Kräuter entfernen

▶

375 g Butter	in eine Glas- oder Porzellan-Schüssel geben, offen in etwa **3 Minuten** bei **700 Watt** zerlassen, den weißen Schaum abnehmen, die Butter etwas abkühlen lassen
375 g Geflügelleber	waschen, trockentupfen, von Haut und Fett befreien, in Stücke schneiden, mit den Zwiebelwürfeln mit Flüssigkeit in einen Mixer geben, pürieren, dabei nach und nach die lauwarme Butter,
2 Eier	
1 Becher (150 g)	
Crème fraîche	hinzufügen, kräftig mit
Salz	
Pfeffer	
geriebener Muskatnuß	würzen
	die Masse in eine Pastetenform (Inhalt etwa 1 1/4 l) füllen, glattstreichen, abgedeckt **12 Minuten** bei **450 Watt** garen
	die Mousse abgedeckt bei Zimmertemperatur abkühlen lassen, über Nacht in den Kühlschrank stellen
	von der Mousse die obere, gräuliche Schicht entfernen, mit einem in
heißes Wasser	getauchten Löffel Portionen abstechen, auf Tellern anrichten, mit
Kräutern	garnieren
Gesamt-Garzeit:	Etwa 21 Minuten.
Beigabe:	Brombeer-Orangen-Sauce, Stangenweißbrot.

Griechische Tomaten

(3—4 Portionen — Foto S. 25)

4 Tomaten (je etwa 100 g)	waschen, abtrocknen, quer halbieren, mit der Schnittfläche nach oben in eine flache, gefettete Glas- oder Porzellan-Form setzen
1—2 Knoblauchzehen	abziehen, durchpressen, auf die Schnittfläche der Tomate streichen, mit
Salz	
Pfeffer	bestreuen
3-4 Stengel Basilikum	unter fließendem kaltem Wasser abspülen, trockentupfen, die Blättchen von den Stengeln zupfen, fein hacken, auf den Tomatenhälften verteilen
etwa 100 g Schafskäse	in 8 Stücke schneiden, auf die Tomate legen, offen etwa **3 Minuten** bei **700 Watt** garen.
Tip:	Sehr feste Tomaten benötigen eine Garzeit von 4—5 Minuten.

Gefüllte Weinblätter
(Etwa 4 Portionen — Foto S. 27)

	Für die Füllung
100 g Langkornreis	mit
200 ml Salzwasser	in eine hohe Glas- oder Porzellan-Schüssel geben, abgedeckt etwa **4 Minuten** bei **700 Watt** garen, umrühren, weitere etwa **5 Minuten** bei **450 Watt** garen, umrühren, den Reis abgedeckt etwa 5 Minuten außerhalb des Gerätes stehenlassen
125 g Zwiebeln	
1—2 Knoblauchzehen	
	beide Zutaten abziehen, würfeln, mit
2 EßI. Olivenöl	in eine Glas- oder Porzellan-Schüssel geben, abgedeckt etwa **3 Minuten** bei **700 Watt** dünsten
400 g Kalbfleisch	unter fließendem kaltem Wasser abspülen, trockentupfen, kleinschneiden, durch den Fleischwolf drehen, mit dem Reis, den Zwiebel- und Knoblauchwürfeln vermengen
1 EßI. gehackte Petersilie	
1 EßI. gehackten Dill	
1 Teel. gehackte Minzblättchen	unterrühren, mit
Salz	
Pfeffer	
gemahlenem Zimt	würzen
etwa 150 g eingelegte Weinblätter (aus dem Glas)	unter fließendem kaltem Wasser abspülen, abtropfen lassen auf jedes Weinblatt 1 Eßl. von der Füllung geben, aufrollen eine flache, große Schale (Bräunungsschüssel) mit den restlichen Weinblättern auslegen, die Weinblätter-Röllchen darauflegen
etwa 625 ml Instant-Hühnerbrühe	darüber gießen (die Röllchen sollen fast ganz mit der Brühe bedeckt sein)
Saft von 1 Zitrone	darüber geben, abgedeckt etwa **7 Minuten** bei **700 Watt** garen, abgedeckt weitere etwa **20 Minuten** bei **450 Watt** garen, die gefüllten Weinblätter in der Brühe erkalten lassen, aus der Brühe nehmen, auf einer Platte anrichten
Gesamt-Garzeit:	Etwa 39 Minuten.
Beigabe:	Türkisches Fladenbrot.

Kaninchen-Terrine (In einer Keramikform)

(Etwa 10 Portionen – Foto S. 113)

**1 Kaninchenrücken
und 2 Kaninchenkeulen
(insgesamt etwa 1 kg)**

das Fleisch unter fließendem kaltem Wasser abspülen, trockentupfen, das Fleisch von den Knochen lösen, die Rückenfilets beiseite legen
das restliche Kaninchenfleisch mit

**100 g fettem, unge-
räuchertem Speck**

in Würfel schneiden, mit den Rückenfilets in eine Schüssel geben

**1 Zwiebel
1 Knoblauchzehe**

beide Zutaten abziehen, würfeln, mit

**8 Wacholderbeeren
1 Lorbeerblatt
1 Eßl. Kräutern der
Provence
geriebener Mußkatnuß
Pfeffer
5 Eßl. Weinbrand**

verrühren, über das Fleisch geben, abgedeckt über Nacht durchziehen lassen

75 g Champignons

putzen, waschen, in Scheiben schneiden, in einer Glas- oder Porzellan-Schüssel abgedeckt etwa **2 Minuten** bei **700 Watt** garen, abkühlen lassen
das Fleisch aus der Marinade nehmen, Lorbeerblatt und Wacholderbeeren entfernen, die Rückenfilets in der Länge der Pastetenform zurechtschneiden
die Filetreste mit den Fleisch- und Speckwürfeln durch die feine Scheibe des Fleischwolfs drehen, die Marinade,

**2 Eßl. Sherry medium
1 Ei
75 g durchwachsenen,
feingewürfelten Speck
1 Teel. Pasteten-
gewürz
1/2 Becher (75 g)
Crème fraîche**

und die Champignonscheiben mit der Dünstflüssigkeit hinzufügen, alles gut verrühren, mit

**Salz
Pfeffer**

kräftig würzen
eine Keramikform (Inhalt etwa 1 1/4 l) mit

**175 g fetten, unge-
räucherten Speck-**

scheiben	auslegen (einige Scheiben zurücklegen), die Hälfte der Fleischmasse hineingeben die Rückenfilets in
4 Scheiben durchwach-senen Speck	wickeln, in die Mitte der Fleischmasse legen, die restliche Fleischmasse darüber geben, glattstreichen die Terrinen-Oberfläche mit
3—4 Lorbeerblättern Wacholderbeeren	garnieren, mit den zurückgelassenen Speckscheiben belegen, mit dem Deckel verschließen die Terrine etwa **5 Minuten** bei **700 Watt** garen, dann weitere etwa **20 Minuten** bei **450 Watt** garen die aufgelegten Speckscheiben entfernen, das flüssige Fett abgießen auf die Terrine ein Brett legen, mit 1—2 Gewichtsstücken oder Konservendosen beschweren, mindestens 1 Tag kalt stellen
2 schwach gehäufte Teel. Gelatine gemahlen, weiß 2 Eßl. kaltem Wasser	mit in einer kleinen Glas- oder Porzellan-Schüssel an-rühren, 10 Minuten zum Quellen stehenlassen offen $1/2$—1 **Minuten** bei **450 Watt** auflösen
250 ml ($1/4$ l) entfettete warme Fleischbrühe 5 Eßl. Sherry medium etwas Essig Pilz-Sojasoße	mit Salz, Pfeffer, kräftig abschmecken, die aufgelöste Gelatine unterrühren, über die Terrine gießen (die Terrinen-Oberfläche sollte ganz bedeckt sein), im Kühlschrank fest werden lassen
Gesamt-Garzeit: für die Terrine: Beigabe:	Etwa 27 Minuten. Würzige Pflaumen-Sauce.

Tessiner Käsefondue
(3—4 Portionen)

1 grüne Paprikaschote	halbieren, entstielen, entkernen, die weißen Scheide-wände entfernen, die Schote waschen, in kleine Würfel schneiden
4 Tomaten	kurze Zeit in kochendes Wasser legen (nicht kochen lassen), in kaltem Wasser abschrecken, enthäuten, entkernen, die Stengelansätze herausschneiden, das Tomatenfleisch in kleine Würfel schneiden
1 Schalotte	abziehen, fein würfeln

▶ 29

I Knoblauchzehe	abziehen, durchpressen, mit den Schalottenwürfeln,
3 EßI. Olivenöl	in einen Keramik-Fonduetopf geben, abgedeckt etwa **3 Minuten** bei **700 Watt** dünsten, das Gemüse hinzufügen, mit
Salz	
frisch gemahlenem weißem Pfeffer	
gerebeltem Oregano	würzen, abgedeckt etwa **7 Minuten** bei **700 Watt** garen
300 ml sehr trockenen Weißwein	hinzugießen
250 g Appenzeller-Käse	
150 g Greyerzer Käse	
	die beiden Zutaten reiben
100 g Butterkäse	in kleine Würfel schneiden den Käse zu dem Gemüse geben, offen **etwa 7 Minuten** bei **700 Watt** erhitzen
I gestrichenen EßI. Speisestärke	mit
3 EßI. Weißwein	anrühren, in die Käsemasse rühren offen weitere etwa **2–3 Minuten** bei **700 Watt** erhitzen
2 EßI. gehackten Dill	unterrühren das Fondue auf dem Rechaud weiterköcheln lassen
Gesamt-Garzeit:	Etwa 30 Minuten.
Beigabe:	Weißbrot- oder Zwiebelbrotwürfel, Blattsalat, in Stücke geschnittene Würstchen, Essiggemüse.

Portwein-Pflaumen im Speckmantel
(Foto S. 31)

20 große, entsteinte Backpflaumen	mit
5 EßI. Portwein	übergießen, abgedeckt mehrere Stunden marinieren, ab und zu umrühren
10 Scheiben durchwachsenen Speck	halbieren, die Pflaumen darin einwickeln, den Speck mit
Zahnstochern	feststecken die Pflaumen auf einen Teller legen, offen etwa **3 Minuten** bei **700 Watt** garen, sofort servieren.
Tip:	Portwein-Pflaumen im Speckmantel zum Aperitif reichen.

Kalbfleisch mit Thunfisch-Sauce (Vitello tonato)
(3–4 Portionen)

800 g Kalbfleisch (Schulterstück)	unter fließendem kaltem Wasser abspülen, trockentupfen, mit
100 ml trockenem Weißwein	
150 ml kaltem Wasser	in eine Glas- oder Porzellan-Schüssel geben die Flüssigkeit mit
Salz	
weißem Pfeffer	würzen
1 Zwiebel	abziehen, mit
2 kleinen Lorbeerblättern	
1 Nelke	
2 Pimentkörnern	zu dem Fleisch geben
1 Möhre	putzen, schrappen
1 Stück Sellerie	putzen
	beide Zutaten waschen, in Stücke schneiden, zu dem Fleisch geben, abgedeckt etwa **8 Minuten** bei **700 Watt** garen, das Fleisch wenden, abgedeckt weitere etwa **20 Minuten** bei **450 Watt** garen, zwischendurch ein – bis zweimal umrühren das Fleisch in der Flüssigkeit erkalten lassen, heraus nehmen, in dünne Scheiben schneiden, in eine Schüssel legen
	für die Thunfisch-Sauce das Gemüse mit 100 ml von der Flüssigkeit in einen Mixer geben
etwa 155 g Thunfisch naturel (aus der Dose)	abtropfen lassen
4 Sardellenfilets	kurz unter fließendem kaltem Wasser abspülen, mit dem Thunfischfleisch in den Mixer geben, die Zutaten pürieren, nach und nach
2 kleine Eier	
125 ml Olivenöl	
5 Eßl. Zitronensaft	hinzufügen, kurz durchpürieren, mit Salz, Pfeffer abschmecken die Sauce über das Fleisch gießen, abgedeckt an einem kühlen Ort (Kühlschrank) durchziehen lassen das Fleisch schuppenförmig auf einer Platte anrichten
2 hartgekochte Eier	pellen, in Scheiben schneiden oder sechsteln, das Fleisch damit und mit

2 Eßl. Kapern
Cornichons
gefüllten Oliven
Tomatenachteln
Petersilie garnieren
die Sauce nochmals gut durchrühren, zu dem Fleisch
reichen
Gesamt-Garzeit: Etwa 28 Minuten.
Beigabe: Stangenweißbrot, Salate.

Genfer Käsefondue
(3–4 Portionen)

125 ml (¹/₈ l) Wasser in einer kleinen Glas- oder Porzellan-Schüssel in
1–1¹/₂ Minuten bei **700 Watt** zum Kochen bringen

1 Päckchen
getrocknete Steinpilze
(etwa 5 g) hinzufügen, abgedeckt außerhalb des Gerätes etwa
15 Minuten quellen lassen

200 g Crème-
Champignons putzen, waschen, fein hacken
1 Schalotte abziehen, fein würfeln
1 Knoblauchzehe abziehen, durchpressen, mit den Schalottenwürfeln,
1 Eßl. Kräuterbutter in eine Glas- oder Porzellan-Schüssel geben, abge-
desckt etwa **3 Minuten** bei **700 Watt** dünsten, die
Champignonstücke hinzufügen, mit

Salz, Pfeffer würzen, abgedeckt etwa **4 Minuten** bei **700 Watt**
garen, die Steinpilze mit der Einweichflüssigkeit
hinzufügen

200 ml Schlagsahne unterrühren
250 g Butterkäse in kleine Würfel schneiden
250 g mittelalten
Gouda-Käse grob raspeln
den Käse zu den Pilzen geben, offen etwa **7 Minuten**
bei **700 Watt** erhitzen, zwischendurch zwei-
bis dreimal kräftig durchrühren

1 Eßl. Speisestärke mit
3 Eßl. Weißwein anrühren, mit
3 Eßl. gemischten
gehackten Kräutern in die Käsemasse geben, gut verrühren, offen nochmals **2–3 Minuten** bei **700 Watt** erhitzen
das Fondue auf dem Rechaud weiterköcheln lassen
Gesamt-Garzeit: Etwa 18 Minuten.
Beigabe: Dreikornbrotwürfel, Weißbrotwürfel, gemischter
Salat.

Kleine, delikate Suppen und bunte Eintöpfe

Tips:

Für die Mikrowelle geeignetes Geschirr: Glas, Porzellan, Keramik, hitzebeständiger Kunststoff.
Ungeeignet: Gefäße aus Metall oder Geschirr, das mit diesem Material versehen ist (Dekor/ Goldrand).

Empfehlenswert für gebundene Suppen: Der Fett-Mehl-Kloß. Mehl Butter/Margarine zu einem Kloß verrühren, mitgaren lassen.

Badische Schneckensuppe

(Etwa 4 Portionen)

36 Schnecken (aus der Dose)	abtropfen lassen, die Flüssigkeit auffangen, 2/3 der Schnecken fein hacken
2 Schalotten	abziehen, würfeln
I Knoblauchzehe	abziehen, durchpressen, mit den Schalottenwürfeln,
50 g Butter	in eine Glas- oder Porzellan-Schüssel geben, abgedeckt etwa **3 Minuten** bei **700 Watt** garen. die gehackten Schnecken hinzufügen, abgedeckt etwa **I Minute** bei **700 Watt** miterhitzen die Schneckenflüssigkeit mit
Fleischbrühe 250 ml (¹/₄ l)	auf 500 ml (¹/₂ l) Flüssigkeit auffüllen, mit
Weißwein	zu den Schnecken geben, abgedeckt etwa **7 Minuten** bei **700 Watt** erhitzen
I Becher (150 g) Crème fraîche	unterrühren
I schwach gehäuften Eßl. Speisestärke	mit
3—4 Eßl. kaltem Wasser	anrühren
2 Eigelb	unterrühren, in die Suppe rühren, die restlichen Schnecken vierteln, hinzufügen die Schneckensuppe mit
Salz frisch gemahlenem weißem Pfeffer geriebener Muskatnuß	würzen, abgedeckt etwa **3 Minuten** bei **700 Watt** erhitzen, durchrühren
2—3 Eßl. Sherry medium 2—3 Eßl. gemischte, gehackte Kräuter (z. B. Zitronenmelisse, Majoran, Estragon, Thymian)	unterrühren die Suppe evtl. nochmals abschmecken, auf Suppentassen verteilen nach Belieben auf jede Portion etwas
Crème fraîche	geben, mit gehackter Petersilie bestreuen
Gesamt-Garzeit:	Etwa 14 Minuten.
Beigabe:	Kleine, mit Knoblauchbutter überbackene Toastscheiben.

Zucchini-Cremesuppe
(Etwa 4 Portionen)

1 Zwiebel	abziehen, würfeln, mit
30 g Butter	in eine Glas- oder Porzellan-Schüssel geben, abgedeckt etwa **3 Minuten** bei **700 Watt** dünsten
500 g Zucchini	waschen, die Stielansätze abschneiden, die Zucchini in Scheiben schneiden, zu den Zwiebelwürfeln geben, mit
Salz, Pfeffer	würzen, abgedeckt etwa **8 Minuten** bei **700 Watt** garen, zwischendurch ein- bis zweimal umrühren, mit etwas von
625 ml Fleischbrühe	im Mixer pürieren, mit der restlichen Brühe,
125 ml (¹/₈ l) Schlagsahne	
geriebener Muskatnuß	wieder in Schüssel geben, mit Salz, Pfeffer, abschmecken
2—3 Eßl. gemischte, gehackte Kräuter	unterrühren, abgedeckt **7—8 Minuten** bei **700 Watt** erhitzen, die Cremesuppe auf Suppentassen verteilen
125 ml (¹/₈ l) Schlagsahne	steif schlagen, auf die Suppen-Portionen geben, die Portionen mit
gerösteten Mandelblättchen	bestreuen.
Gesamt-Garzeit:	18—19 Minuten.

Aprikosen-Kaltschale
(3—4 Portionen)

750 ml (³/₄ l) Wasser oder halb Wasser, halb Weißwein	mit
60 g Zucker	
1 Päckchen Vanillin-Zucker	
1 Stück Stangenzimt	
30 g Sago	in eine hohe Glas- oder Porzellan-Schüssel geben, abgedeckt etwa **7 Minuten** bei **700 Watt** garen, umrühren, abgedeckt weitere etwa **8 Minuten** bei **450 Watt** garen
500 g Aprikosen	waschen, abtrocknen, halbieren, entsteinen, das Aprikosenfleisch in Streifen schneiden, in die Flüssigkeit geben, abgedeckt etwa **2 Minuten** bei **700 Watt** garen
250 ml (¹/₄ l) Aprikosen-Nektar	unterrühren, erkalten lassen, die Kaltschale mit
Zucker, Zitronensaft	abschmecken
Gesamt-Garzeit:	Etwa 17 Minuten.

Feine Kräutersuppe

(Etwa 4 Portionen — Foto S. 39)

500 g Crème fraîche	mit
500 ml (¹/₂ l) lauwarmer	
Instant-Fleischbrühe	in eine hohe Glas-Schüssel geben, gut durchschlagen, abgedeckt etwa **8 Minuten** bei **700 Watt** erhitzen, zwischendurch umrühren
I schwach gehäuften	
Teel. Speisestärke	mit
4 Eßl. kaltem Wasser	anrühren
4 Eigelb	unterrühren, in die Crème-fraîche-Brühe rühren
4 Eßl. gehackte	
Kerbelblättchen	
4 Eßl. gehackte	
Petersilie	
4 Eßl. feinge-	
schnittenen	
Schnittlauch	unterrühren, mit
Salz, Pfeffer, Zucker	
geriebener Muskatnuß	
Fleischextrakt	würzen, abgedeckt **2—3 Minuten** bei **700 Watt** garen, zwischendurch einmal umrühren
Gesamt-Garzeit:	10—11 Minuten.

Maiscremesuppe mit Räucherlachs

(Etwa 4 Portionen — Foto S. 34/35)

I Eßl. Speisestärke	mit
750 ml (³/₄ l)	
Instant-Hühnerbrühe	verrühren, in eine Glasschüssel geben
I Eigelb	unterrühren, abgedeckt **7—8 Minuten** bei **700 Watt** garen, zwischendurch einmal umrühren
135 g Gemüsemais	
(aus der Dose)	abtropfen lassen, mit
¹/₂ Becher (75 g)	
Kräuter Crème fraîche	in die Brühe geben, abgedeckt etwa **3 Minuten** bei **700 Watt** erhitzen
I Eiweiß	halbsteif schlagen, unter die Suppe rühren
I Eßl. gehackten Dill	hinzufügen
75 g Räucherlachs-	
scheiben	in Streifen schneiden, in die Suppe geben, mit
Salz, Pfeffer	abschmecken, sofort servieren
Gesamt-Garzeit:	Etwa 10 Minuten.

Sauerkirsch-Kaltschale

(Etwa 4 Portionen — Foto S. 41)

500 g tiefgekühlte Sauerkirschen	in eine Glas- oder Porzellan-Schüssel geben, abgedeckt etwa **15 Minuten** bei **150 Watt** auftauen lassen, zwischendurch die zusammengefrorenen Früchte etwas auseinandertrennen, umrühren oder
500 g Sauerkirschen	waschen, entsteinen die Kirschen mit
150 g Zucker **1 Päckchen Puddingpulver Kirschgeschmack**	in eine Glas- oder Porzellan-Schüssel geben mit 4 Eßl. von
1 l kaltem Wasser	anrühren, mit dem restlichen Wasser zu den Kirschen geben
Schale von ¹/₂ Zitrone (unbehandelt) 1—2 Stück Stangenzimt 2 Nelken	hinzufügen, abgedeckt etwa **14 Minuten** bei **700 Watt** garen, ab und zu durchrühren, mit
Zucker	abschmecken, erkalten lassen Gewürze und Zitronenschale entfernen die Sauerkirsch-Kaltschale gut gekühlt servieren
Gesamt-Garzeit: für tiefgekühlte Kirschen:	Etwa 29 Minuten
für frische Kirschen:	Etwa 14 Minuten.
Tip:	Einen Teil des Wassers durch Rotwein ersetzen.

Frankfurter Erbsensuppe

(Etwa 3 Portionen)

1 Zwiebel **30 g Butter**	abziehen, würfeln, mit in eine Glas- oder Porzellan-Schüssel geben, offen etwa **3 Minuten** bei **700 Watt** dünsten
750 g tiefgekühlte Erbsen **250 ml (¹/₄ l) Fleischbrühe**	mit zu den Zwiebelwürfeln geben, abgedeckt etwa **8 Minuten** bei **700 Watt** garen, zwischendurch ein- bis zweimal

▶

umrühren, abgedeckt weitere etwa **10 Minuten** bei
450 Watt garen, ²/₃ der Erbsen pürieren, mit

**gut 250 ml (¹/₄ l)
Instant-Fleischbrühe** zu den restlichen Erbsen in der Schüssel geben

**100 g gekochten
Schinken** in feine Streifen schneiden

**2—3 Frankfurter
Würstchen** in Scheiben schneiden
beide Zutaten in die Suppe geben, mit

Salz, Pfeffer abschmecken, abgedeckt **4—5 Minuten** bei **700 Watt**
miterhitzen, die Frankfurter Erbsensuppe mit

**2 Eßl. gehackter
Petersilie** bestreuen

Gesamt-Garzeit: 25—26Minuten.

Paprikatopf mit Fleischwurst
(Etwa 4 Portionen — Foto S. 43)

**1 rote, 1 gelbe,
1 grüne Paprikaschote
(etwa 500 g)** halbieren, entstielen, entkernen, die weißen Scheidewände
entfernen, die Schoten waschen, in Streifen schneiden

**1 Zwiebel
1 Knoblauchzehe** abziehen, würfeln, mit

3 Eßl. Olivenöl in eine Auflaufform geben, offen etwa **3 Minuten** bei
700 Watt dünsten, die Paprikastreifen hinzufügen, mit

**Salz, Pfeffer
gerebeltem Oregano
gerebeltem Basilikum** würzen, abgedeckt etwa **5 Minuten** bei **700 Watt** garen,
zwischendurch einmal umrühren

1 Fleischtomate kurze Zeit in kochendes Wasser legen (nicht kochen
lassen), in kaltem Wasser abschrecken, enthäuten, den
Stengelansatz herausschneiden, die Tomate in Würfel
schneiden, mit

**5 Eßl. Tomaten-
Ketchup
¹/₂ Becher (75 g)
Crème fraîche** zu dem Gemüse geben, verrühren, nochmals mit Salz,
Pfeffer, den Kräutern abschmecken

**300 g Fleischwurst
mit Knoblauch** enthäuten, längs halbieren, in Scheiben schneiden,
unterrühren, abgedeckt etwa **8—10 Minuten** bei **450 Watt**
garen, zwischendurch einmal umrühren, mit

gehackter Petersilie bestreuen

Gesamt-Garzeit: Etwa 16—18 Minuten.

Maistopf
(Etwa 3 Portionen)

2 Zwiebeln	
2 Knoblauchzehen	abziehen, würfeln, mit
2 Eßl. Speiseöl	in eine Glas- oder Porzellan-Schüssel geben, abgedeckt etwa **3 Minuten** bei **700 Watt** dünsten
250 g Gehacktes	in Stücke zerpflücken, zu den Zwiebel-Knoblauchwürfeln geben, abgedeckt etwa **3 Minuten** bei **700 Watt** garen
175 g Langkornreis	hinzufügen
etwa 200 g Tomaten (aus der Dose)	abtropfen lassen, die Flüssigkeit auffangen, mit
Instant-Fleischbrühe	auf 375 ml (³/₈ l) Flüssigkeit auffüllen, zu dem Reis geben, mit
Chilipulver	
gerebeltem Majoran	würzen, abgedeckt etwa **7 Minuten** bei **700 Watt** garen
150 g Staudensellerie	putzen, dunkle Stellen abschneiden, den Staudensellerie in feine Streifen schneiden, zu dem Fleisch-Reis-Gemisch geben, umrühren, abgedeckt etwa **2 Minuten** bei **700 Watt** garen, weitere etwa **8 Minuten** bei **450 Watt** garen
etwa 285 g Gemüsemais (aus der Dose)	abtropfen lassen, mit den in Würfel geschnittenen Tomaten in den Eintopf geben, mit Chilipulver,
Salz, Pfeffer	abschmecken, abgedeckt etwa **3 Minuten** bei **450 Watt** garen, den Maistopf etwa 10 Minuten bei Zimmertemperatur stehenlassen, evtl. nochmals mit den Gewürzen abschmecken mit
gehackter Petersilie	bestreuen
Gesamt-Garzeit:	Etwa 26 Minuten.

Afrikanischer Lamm-Eintopf
(Etwa 3 Portionen)

500 g Lammkeule (ohne Knochen)	von Haut und Fett befreien, unter fließendem kaltem Wasser abspülen, trockentupfen, in dünne Scheiben schneiden
30 g Butter	in einer Pfanne auf dem konventionellen Herd erhitzen die Lammscheiben darin in etwa **7 Minuten** anbraten, aus dem Bratensatz nehmen, in eine Auflaufform geben, mit
Salz, Pfeffer	
gerebeltem Thymian	würzen
250 g kleine Zwiebeln	abziehen, in dem Bratensatz dünsten, zum Fleisch geben
500 ml (¹/₂ l) Wasser	mit

2 Teel. Körniger Instant-Fleischbrühe in den Bratensatz geben, verrühren, über Fleisch und Zwiebeln geben

500 g kleine Kartoffeln schälen, waschen, hinzufügen, abgedeckt etwa **10 Minuten** bei **700 Watt** garen, nach etwa 5 Minuten umrühren, dann weitere etwa **20 Minuten** bei **450 Watt** garen, nach etwa 10 Minuten umrühren, nach etwa 15 Minuten Garzeit

500 g enthäutete, geviertelte Tomaten mit
70 g Tomatenmark in den Eintopf geben, abschmecken, zuende garen lassen
gehackte Petersilie darüber streuen
Gesamt-Garzeit Etwa 37 Minuten.

Schneller Bohnen-Eintopf
(Etwa 3 Portionen)

100 g durchwachsenen Speck in Würfel schneiden, mit
1 Eßl. Speiseöl in eine Glas- oder Porzellan-Schüssel geben, offen etwa **2 Minuten** bei **700 Watt** ausbraten
1 Zwiebel abziehen, würfeln
1 Stange Porree putzen, längs halbieren, waschen, in feine Streifen schneiden
beide Zutaten zu den Speckwürfeln geben, abgedeckt etwa **5 Minuten** bei **700 Watt** garen, umrühren

300 g tiefgekühltes Sommergemüse mit
125 ml ($^1/_8$ l) Fleischbrühe hinzufügen, abgedeckt **5—6 Minuten** bei **700 Watt** garen

2—3 kleine Mettwürste (Rauchendchen) in Scheiben schneiden
etwa 200 g Tomaten (aus der Dose) in Stücke schneiden, mit den Wurstscheiben,
250 g Weißen Bohnen (aus der Dose) zu dem Gemüse geben, mit
Salz, Pfeffer gerebeltem Majoran Liebstöckel würzen, abgedeckt etwa **3 Minuten** bei **700 Watt** garen, umrühren, abgedeckt weitere **8—10 Minuten** bei **450 Watt** garen, zwischendurch einmal umrühren den Eintopf nochmals abschmecken, mit
gehackter Petersilie bestreuen
Gesamt-Garzeit: Etwa 23—25 Minuten.

Puten-Pilaw

(Im Bräunungsgeschirr)
(Etwa 3 Portionen - Foto S. 47)

Bräunungsgeschirr, große Form	etwa **7 Minuten** bei **700 Watt** vorheizen inzwischen
500 g Puten-schnitzelfleisch	unter fließendem kaltem Wasser abspülen, trockentupfen, in etwa 2 x 2 cm große Würfel schneiden
1 Eßl. Butter	in die Bräunungs-Form geben, zerlassen das Fleisch hineingeben, etwas andrücken, offen etwa **1 Minute** bei **700 Watt** erhitzen, wenden, nochmals etwa **1 Minute** bei **700 Watt** erhitzen, mit
1 Eßl. Papria edelsüß Salz frisch gemahlenem weißem Pfeffer	würzen
150 g Langkornreis	mit
250 ml (¹/₄ l) Instant-Fleischbrühe	hinzufügen, abgedeckt etwa **6 Minuten** bei **700 Watt** garen, zwischendurch einmal umrühren
2 Zwiebeln	abziehen, würfeln
1 Bund Suppengrün	putzen, waschen, grob raspeln, Porree in etwa ¹/₂ cm breite Streifen schneiden
125 g Champignons	putzen, waschen, in Scheiben schneiden
4 Tomaten	kurze Zeit in kochendes Wasser legen (nicht kochen lassen), in kaltem Wasser abschrecken, enthäuten, die Stengelansätze herausschneiden, die Tomaten achteln das Gemüse zu dem Reisfleisch geben, verrühren, mit Salz, Pfeffer würzen, abgedeckt etwa **3 Minuten** bei **700 Watt** garen, umrühren, weitere etwa **13 Minuten** bei **450 Watt** garen das gare Puten-Pilaw abgedeckt etwa 10 Minuten bei Zimmertemperatur stehen lassen, evtl. nochmals abschmecken, mit
1–2 Eßl. gehackter Petersilie	bestreuen
Gesamt-Garzeit:	Etwa 24 Minuten.
Beigabe:	Stangenweißbrot
Pilaw:	Auch **Pilaf** und **Pilau**. Herzhaftes Reisgericht aus der orientalischen Küche mit zahlreichen Rezepturen, mit Hühner-, Lamm- oder Hammelfleisch, aber auch mit Puten- und Rindfleisch als Einlage.

Bunter Weißkohl-Eintopf

(Etwa 3 Portionen - Foto S. 49)

400 g Weißkohl (vorbereitet gewogen)	waschen, achteln, in dünne Streifen schneiden
1 Möhre (etwa 150 g, vorbereitet gwogen)	putzen, schrappen
1 Stück Sellerie (etwa 100 g, vorbereitet gewogen)	schälen
375 g Kartoffeln	schälen
1 Stange Porree (etwa 75 g, vorbereitet gewogen)	putzen, längs halbieren das Gemüse kleinschneiden, Porree in etwa 1/2 cm breite Streifen
50 g durchwachsenen Speck	in Würfel schneiden
1 Zwiebel	abziehen, würfeln beide Zutaten mit
1 Eßl. Margarine	in eine Glas- oder Porzellan-Schüssel geben, offen etwa **3 Minute** bei **700 Watt** garen, den Weißkohl hinzufügen, abgedeckt etwa **3 Minuten** bei **700 Watt** garen, umrühren das restliche Gemüse (ohne die Kartoffeln) hinzufügen, abgedeckt weitere etwa **3 Minuten** bei **700 Watt** garen, umrühren, die Kartoffelwürfel,
gut 375 ml (³/₈ l) Instant-Fleischbrühe	hinzugießen, mit
gerebeltem Majoran	würzen
1 runde Kohlwurst	mehrmals mit einem Holzstäbchen einstechen, auf das Gemüse legen, abgedeckt etwa **5 Minuten** bei **700 Watt** garen, die Wurst herausnehmen, das Gemüse umrühren, die Wurst wenden, wieder auf das Gemüse legen, abgedeckt weitere etwa **5 Minuten** bei **700 Watt** garen den Eintopf umrühren, etwa **18 Minuten** bei **450 Watt** garen, zwischendurch zwei- bis dreimal umrühren den Eintopf mit
Salz frisch gemahlenem weißem Pfeffer	abschmecken, mit
2 Eßl. gehackter Petersilie	bestreuen
Gesamt-Garzeit:	Etwa 34 Minuten.
Beigabe:	Stangenweißbrot.

Fisch, zart und saftig

Tips:

Die in den Rezepten angegebenen Garzeiten sind für die aufgeführten Mengen berechnet. Sie ändern sich, sobald die Mengen reduziert oder erhöht werden. Faustregel: Doppelte Menge, doppelte Zeit.

Für das Garen von Fisch: Fisch im ganzen gegart erfordert längere Garzeit, als Fisch portioniert gegart.

Schollenfilets auf Rote Bete-Sauce

(Etwa 3 Portionen - Foto S. 50/51)

Für die Rote Bete-Sauce

3 Rote Bete-Knollen (etwa 450 g) unter fließendem kaltem Wasser bürsten, die Wurzeln bis auf etwa 1 cm abschneiden, mit

125 ml (¹/₈ l) Wasser in eine Glas- oder Keramik-Schüssel legen, abgedeckt etwa **5 Minute** bei **700 Watt** garen, wenden, abgedeckt weitere etwa **20 Minuten** bei **450 Watt** garen die Roten Bete kalt abspülen, die Haut abziehen 1¹/₂ Rote Bete kleinschneiden, mit

200 ml (¹/₅ l) Schlagsahne Salz Pfeffer Zitronensaft im Mixer pürieren, mit

würzen die restlichen 1¹/₂ Roten Bete in feine Streifen schneiden, mit

1—2 Eßl. Wasser auf einen tiefen Teller geben, mit Salz, Pfeffer würzen

500 g Schollenfilets unter fließendem kaltem Wasser abspülen, trockentupfen, mit

1—2 Eßl. Zitronensaft beträufeln, etwa 15 Minuten stehenlassen, mit Salz, Pfeffer bestreuen, aufrollen, kreisförmig in eine kleine Glas- oder Porzellan-Schüssel setzen

Butter in Flöckchen in jedes Röllchen geben

4 Eßl. Weißwein hinzufügen, abgedeckt etwa **5 Minuten** bei **700 Watt** garen die Schollenfilet-Röllchen kurze Zeit abgedeckt bei Zimmertemperatur stehenlassen die Rote Bete-Streifen abgedeckt **2-3 Minuten** bei **700 Watt** erhitzen die Rote Bete-Sauce in einer Glas- oder Porzellan-Schüssel mit

3 Eßl. Fischflüssigkeit (von den Schollenfilets) verrühren, abgedeckt etwa **3 Minuten** bei **700 Watt** erhitzen, die Sauce auf 3 Teller geben, die Rote-Bete-Streifen darauf verteilen, die Schollenfilet-Röllchen in die Sauce setzen, mit

feingeschnittenem Schnittlauch bestreuen, sofort servieren

Gesamt-Garzeit: Etwa 36 Minuten.

Tip: Die Schollenfilets auf Rote Bete-Sauce mit Kräuter- oder Pilz-Reis servieren.

Gefüllte Forellen
(Etwa 3 Portionen)

I küchenfertige Forelle (etwa 300 g)	unter fließendem kaltem Wasser abspülen, trockentupfen enthäuten, entgräten, das Forellenfleisch in Würfel schneiden, etwa 30 Minuten in das Gefrierfach des Kühlschranks geben, mit I Eßl. von
I Becher (150 g) Crème fraîche **¹/₂ Eiweiß** **2 Eßl. Weißwein**	im Mixer pürieren, mit
Salz Pfeffer geriebener Muskatnuß	würzen
I Möhre (etwa 125 g)	putzen, schrappen
I Stück Sellerie (etwa 75 g)	schälen
I Stange Porree (etwa 50 g)	längs halbieren das Gemüse waschen, Möhre und Sellerie grob raspeln, Porree in feine Streifen schneiden, jeweils I Eßlöffel von dem Gemüse zu dem pürierten Fisch geben
3 küchenfertige Forellen (je etwa 280 g)	unter fließendem kaltem Wasser abspülen, trocken-tupfen, innen und außen mit Salz bestreuen die Füllung in die Forellen geben das Gemüse mit Salz, Pfeffer würzen, die Forellen damit füllen, in eine Glas- oder Porzellan-Schüssel legen, mit dem Gemüse bedecken
4 Eßl. Weißwein **50 g Butter**	hinzufügen in Flöckchen darauf geben, abgedeckt etwa **I0 Minuten** bei **700 Watt** garen die Forellen mit dem Gemüse auf einer vorgewärmten Platte anrichten, mit Alufolie abgedeckt warm stellen in den Fischsud die restliche Crème fraîche,
3 Eßl. trockenen Wermut	rühren
I Eigelb	unterrühren, mit Salz, Pfeffer abschmecken, abgedeckt etwa **2 Minuten** bei **700 Watt** erhitzen die Sauce zu dem Fisch reichen
Gesamt-Garzeit:	Etwa I2 Minuten.
Beigabe:	Stangenweißbrot, Kräuter-Reis oder Petersilien-Kartoffel.

Fischkoteletts im Gemüsebett

(Etwa 3 Portionen — Foto S. 55)

3 Schellfisch-Koteletts (je etwa 200 g)	unter fließendem kaltem Wasser abspülen, trockentupfen mit
1—2 Eßl. Zitronensaft	beträufeln, etwa 15 Minuten stehenlassen
100 g Möhren (vorbereitet gewogen) 100 g Porree (vorbereitet gewogen) 100 g Champignons (vorbereitet gewogen) 40 g Sellerieknolle (vorbereitet gewogen)	das Gemüse waschen, in sehr feine Streifen (Champignons in Scheiben) schneiden, mit
1 Eßl. Butter	in eine Glas- oder Porzellan-Schüssel geben, abgedeckt etwa **5 Minuten** bei **700 Watt** garen, mit
Salz frisch geschrotetem weißem Pfeffer	würzen, umrühren die Fischkoteletts trockentupfen, mit Salz, Pfeffer bestreuen, auf das Gemüse legen
4—5 Eßl. trockenen Weißwein	über den Fisch geben, abgedeckt etwa **4 Minuten** bei **700 Watt** garen den Fisch herausnehmen das Gemüse umrühren, den Fisch wenden, wieder auf das Gemüse legen, weitere etwa **8 Minuten** bei **450 Watt** garen, den Fisch herausnehmen
¹/₂ Becher (75 g) Crème fraîche	unter das Gemüse rühren, mit Salz, Pfeffer abschmecken, den Fisch wieder darauf geben, abgedeckt weitere etwa **2 Minuten** bei **450 Watt** garen die Fischkoteletts im Gemüsebett mit
1—2 Eßl. gehackter Petersilie	bestreuen
Gesamt-Garzeit:	Etwa 19 Minuten.
Beigabe:	Kräuterreis oder Petersilien-Kartoffeln.

Schellfisch in Champignon-Wein-Sauce
(Etwa 3 Portionen — Foto S. 57)

I kg küchenfertigen Schellfisch	unter fließendem kaltem Wasser abspülen, trockentupfen in Stücke schneiden, mit
Zitronensaft	beträufeln, etwa 30 Minuten stehenlassen
	für die Champignon-Wein-Sauce
I Zwiebel	abziehen, würfeln, mit
30 g Butter	in einer länglichen Form abgedeckt etwa **4 Minuten** bei **700 Watt** dünsten
250 g Crème-Champignons	putzen, waschen, abtropfen lassen, in Scheiben schneiden, zu den Zwiebelwürfeln geben, mit
Salz frisch gemahlenem weißem Pfeffer	würzen, abgedeckt etwa **3 Minuten** bei **700 Watt** garen
125 ml (¹/₈ l) trockenen Weißwein	hinzugießen die Fischstücke trockentupfen, mit Salz, Pfeffer bestreuen, auf die Champignonscheiben legen, abgedeckt etwa **5 Minuten** bei **700 Watt** garen die Fischstücke herausnehmen
I ¹/₂ Becher (225 g) Crème fraîche	zu den Champignonscheiben geben, gut verrühren die Fischstücke gewendet wieder hineinlegen, abgedeckt weitere etwa **7 Minuten** bei **450 Watt** garen den Fisch herausnehmen, von Haut und Gräten befreien nach Belieben die Flüssigkeit etwas binden, dafür
I Teel. Butter **I Teel. Weizenmehl**	mit verkneten, in die Flüssigkeit geben, abgedeckt etwa **I Minute** bei **700 Watt** erhitzen, umrühren
2—3 Eßl. feingehackten Dill	unterrühren, mit Salz, Pfeffer abschmecken, die Fischstücke hinzufügen, abgedeckt etwa **I Minute** bei **700 Watt** erhitzen
Gesamt-Garzeit:	Etwa 21 Minuten.
Beilage:	Stangenweißbrot oder gratinierte Kartoffeln, verschiedene Blattsalate.
Schellfisch:	Fettarmer Seefisch, bevorzugt zum Dünsten und zum Kochen. Merkmale: Kräftiger, gestreckter Körper mit großem, rußigem Fleck oberhalb der Brustflosse.

Spanischer Fisch-Topf
(4–6 Portionen – Foto S. 59)

1 Zwiebel	
1 Knoblauchzehe	beide Zutaten abziehen, fein würfeln, mit
3 Eßl. Olivenöl	in eine Glas- oder Porzellan-Schüssel geben, abgedeckt etwa **3 Minuten** bei **700 Watt** dünsten
1 Stange Porree (etwa 250 g)	putzen, längs halbieren
1 kleine Fenchel- knolle (etwa 250 g)	putzen, dunkle Stellen abschneiden das Gemüse waschen, in Streifen schneiden, zu den Zwiebel- und Knoblauchwürfeln geben, abgedeckt etwa **3 Minuten** bei **700 Watt** garen
1 ¼ l Instant- Fleischbrühe	hinzugießen
1 Lorbeerblatt 5 Pfefferkörner 2 Nelken etwas gemahlenen Safran	hinzufügen, abgedeckt etwa **9 Minuten** bei **700 Watt** garen
etwa 750 g küchen- fertigen Fisch (z. B. Rotbarsch, Kabeljau, Seeaal, Schollenfilet)	unter fließendem kaltem Wasser abspülen, trockentupfen, in etwa 3 x 3 cm große Stücke schneiden, in die Brühe geben, abgedeckt etwa **3 Minuten** bei **700 Watt** garen, umrühren, abgedeckt weitere etwa **2 Minuten** bei **450 Watt** garen
200 g Muschelfleisch (aus dem Glas) 100 g frisch gepulte Nordsee- Krabben	hinzufügen, abgedeckt etwa **3 Minuten** bei **700 Watt** erhitzen
Gesamt-Garzeit:	Etwa 23 Minuten.
Nordsee-Krabbe:	Auch Norsee-Garnele oder Granat genannt. Angeboten wird die 5–8 cm lange Garnelenart entweder in der Schale (auf See gekocht) oder ohne Schale (gepult), aber auch als Konserve, tiefgekühlt und als Salat zubereitet.

Fleisch-gerichte zum Verwöhnen

Tips:

Fleisch, das ein dunkleres Aussehen erhalten soll, wird vor dem Garen mit Paprika und/oder Currypulver bestreut oder mit Pilz-Soja-Soße beträufelt.

Die angegebenen Garzeiten sind abhängig von der Ausgangstemperatur und der Beschaffenheit der Lebensmittel.

Lammrückenfilet im Gemüsesud

(3—4 Portionen — Foto S. 60/61)

	Die Knochen von
500 g ausgelöstem Lammrücken mit Filet	
1¼ l kaltes Wasser	vom Schlachter in Stücke hacken lassen, waschen, in geben, in einen Topf auf dem konventionellen Herd zum Kochen bringen
1 Bund Suppengrün	putzen, waschen, kleinschneiden, hinzufügen die Knochen **1—1½ Stunden** kochen lassen, abgießen, die Knochenbrühe auf 750 ml (¾ l) Flüssigkeit einkochen lassen, in eine längliche Glas- oder Porzellan-Schüssel geben
75 g Butter	mit
1 Lorbeerblatt	
2 Pimentkörnern	
Salz	hinzufügen, abgedeckt in etwa **7 Minuten** bei **700 Watt** zum Kochen bringen das Lammrückenfleisch mit den Filets unter fließendem kaltem Wasser abspülen, trockentupfen, jeweils 1 großes und 1 kleines Filet längs aufeinanderlegen (die kleineren Filets an die dünneren Enden legen), das Fleisch mit Küchengarn umwickeln, in die Brühe legen, abgedeckt etwa **2 Minuten** bei **700 Watt**, dann weitere **2—4 Minuten** bei **450 Watt** garen, das Fleisch zwischendurch einmal wenden das Fleisch aus der Brühe nehmen, in Alufolie wickeln, etwa 10 Minuten bei Zimmertemperatur ruhen lassen
125 g Möhren	putzen, schrappen, waschen, in feine Stifte schneiden, von
125 g Wirsingblättern	die dickeren Blattrippen herausschneiden die Wirsingblätter waschen, in etwa 3 cm breite Streifen schneiden
125 g kleine Champignons	putzen, waschen
125 g Rosenkohl	putzen, waschen, vierteln
2—3 rote Zwiebeln	
4 Schalotten	
	beide Zutaten abziehen, Zwiebeln sechsteln, Schalotten halbieren oder vierteln das Gemüse in die Brühe geben, abgedeckt etwa **5 Minuten** bei **700 Watt**, dann weitere etwa **10 Minuten** bei **450 Watt** garen, das Gemüse zwischendurch ein- bis zweimal umrühren das Fleisch in Scheiben schneiden das Gemüse aus der Brühe nehmen, mit den Fleischscheiben

62

auf einer vorgewärmten Platte anrichten, etwas
von der Brühe darüber geben

**Kochzeit für die
Brühe:** 1 1/2 – 2 Stunden
**Gesamt-Garzeit
in der Mikrowelle:** Etwa 25 Minuten.
Beilage: Sahne-Kartoffelbrei.

Schnitzel, italienische Art
(3 Portionen)

**3 Schweineschnitzel
(je etwa 175 g)** unter fließendem kaltem Wasser abspülen, trockentupfen, mit

Salz, Pfeffer bestreuen, in
Weizenmehl wenden
3 Eßl. Olivenöl in einer Pfanne auf dem konventionellen Herd erhitzen, die Schnitzel von beiden Seiten etwa 5 Minuten darin anbraten, in eine flache Auflaufform legen
den Bratensatz mit
2–3 Eßl. Marsala verrühren, in die Form geben
**2 Schalotten oder
Zwiebeln** abziehen, würfeln
1 Knoblauchzehe abziehen, durchpressen
beide Zutaten mit

**1 Eßl. Olivenöl
2 Eßl. gehackter
Petersilie** in eine kleine Porzellan- oder Keramik-Schüssel geben, abgedeckt etwa **2 Minuten** bei **700 Watt** dünsten, auf die Schnitzel verteilen

**4 Tomaten
(je etwa 100 g)** kurze Zeit in kochendes Wasser legen (nicht kochen lassen), in kaltem Wasser abschrecken, enthäuten, die Stengelansätze herausschneiden, die Tomaten halbieren, entkernen, das Tomatenfleisch in Würfel schneiden, um
gerebeltem Basilikum die Schnitzel herum verteilen, mit Salz, Pfeffer,
**gerebeltem Oregano
150 g Mozzarella-
Käse** bestreuen, abgedeckt etwa **5 Minuten** bei **700 Watt** garen

in Scheiben schneiden, schuppenförmig auf die Schnitzel legen, abgedeckt in etwa **3 Minuten** bei **450 Watt**
Gesamt-Garzeit: schmelzen lassen
Beilage: Etwa 15 Minuten.
Grüne Bandnudeln, Salat.

Wirsingröllchen mit Tomaten
(Etwa 3 Portionen — Foto S. 65)

12 Wirsingblätter (etwa 450 g) unter fließendem kaltem Wasser abspülen, trockentupfen, die Blattrippen etwas flachschneiden, die Blätter in
kochendes Salzwasser geben, zum Kochen bringen, 7—8 Minuten kochen, abtropfen lassen

für die Füllung

500 g feine, ungebrühte Bratwurstmasse oder feines Thüringer Mett aus der Haut drücken, mit der
abgeriebenen Schale von 1 Zitrone (unbehandelt) 2 Eiern 1 Eßl. gehackten Kapern verrühren, die Füllung auf den Wirsingblättern verteilen, aufrollen, die Wirsingröllchen in eine Glas- oder Porzellan-Form legen, abgedeckt etwa **7 Minuten** bei **700 Watt** garen, dann weitere **8—10 Minuten** bei **450 Watt** garen
die Wirsingröllchen abgedeckt etwa 5 Minuten bei Zimmertemperatur stehenlassen

1 Zwiebel 1 Knoblauchzehe beide Zutaten abziehen, fein würfeln, mit
2 Eßl. Olivenöl in eine kleine Glasschüssel geben, abgedeckt etwa **3 Minuten** bei **700 Watt** garen

2 Fleischtomaten (etwa 500 g) kurze Zeit in kochendes Wasser legen (nicht kochen lassen), in kaltem Wasser abschrecken, enthäuten, die Stengelansätze herausschneiden, die Tomaten entkernen, in kleine Würfel schneiden, zur Zwiebel-Knoblauchmasse geben, mit

Salz, Pfeffer Cayennepfeffer, Zucker einige Basilikumblättchen würzen, abgedeckt **2—3 Minuten** bei **700 Watt** garen

vorsichtig unter fließendem kaltem Wasser abspülen, hacken, unter die Tomatenwürfel rühren, mit Salz, Pfeffer, Cayennepfeffer, Zucker abschmecken, mit

50 g gebräunter Butter zu den Wirsingröllchen reichen
Gesamt-Garzeit: 29—31 Minuten.

Fleischklößchen
(Etwa 3 Portionen — Foto S. 67)

¹/₂ Brötchen	in
kaltem Wasser	einweichen, gut ausdrücken, mit
300 g Gehacktem	
(halb Rind-, halb	
Schweinefleisch)	in eine Schüssel geben
I Ei	hinzufügen
I Zwiebel	
I Knoblauchzehe	
	beide Zutaten abziehen, fein würfeln, zu dem Gehacktem geben, gut vermengen, mit
Senf, Salz, Pfeffer	
Currypulver	würzen, aus dem Teig mit nassen Händen walnußgroße Klößchen formen, auf eine Porzellan- oder Keramikplatte legen, offen **8—9 Minuten** bei **700 Watt** garen die Klößchen zwischendurch wenden, dabei die außen liegenden Klößchen nach innen und die innen liegenden Klößchen nach außen legen. Fleischklößchen warm zu Ratatouille oder kalt mit Mixed Pickles und Brot servieren.

Schweinebraten
(3—4 Portionen)

800 g ausgelöstes	
Kotelettstück	unter fließendem kaltem Wasser abspülen, trockentupfen, mit
Salz, Pfeffer	
gerebeltem Majoran	bestreuen, in eine Glas- oder Porzellan-Form legen, den Temperaturfühler einstecken (s. S. 8), Kerntemperatur **80—85 Grad** und **700 Watt** einstellen
Garzeit:	Etwa 20 Minuten den Braten in Alufolie verpackt etwa 10 Minuten bei Zimmertemperatur stehen lassen den Bratensatz mit
Wasser	auf 200 ml (¹/₅ l) auffüllen
I gehäuften	
Teel. Weizenmehl	mit
I Teel. Butter	mit Hilfe einer Gabel vermengen, in den Bratensatz geben, abgedeckt etwa **2 Minuten** bei **700 Watt** erhitzen, umrühren, die Sauce mit Salz, Pfeffer abschmecken.
Gesamt-Garzeit:	Etwa 22 Minuten.

Gefüllte Putenschnitzel
(Etwa 4 Portionen — Foto S. 69)

2 Putenschnitzel mit eingeschnittenen Taschen (je etwa 350 g)	unter fließendem kaltem Wasser abspülen, trockentupfen, mit
Salz frisch gemahlenem weißem Pfeffer Paprika edelsüß	bestreuen

für die Füllung

2 Scheiben gekochten Schinken	in Würfel schneiden, mit
1 Ei 1 Eßl. Semmelmehl 1 Teel. zerdrückten grünen Pfefferkörnern	verrühren, mit Salz, Pfeffer würzen die Masse in die beiden Putenschnitzel füllen, die Schnitzel mit Holzspießchen zustecken
30 g Butter	in einer Pfanne auf dem konventionellen Herd erhitzen die Putenschnitzel von beiden Seiten kurz darin anbraten, in eine längliche Auflaufform legen, abgedeckt **8—10 Minuten** bei **700 Watt** garen die Schnitzel nach etwa 5 Minuten wenden, weitere etwa **6 Minuten** bei **450 Watt** garen die garen Schnitzel aus der Form nehmen

für die Sauce
den Bratensatz mit

1 Becher (150 g) Crème fraîche 1 Eßl. Tomatenmark Cayennepfeffer gerebeltem Basilikum	verrühren, mit Salz, Pfeffer, würzen, in die Auflaufform geben die Schnitzel in die Sauce legen, abgedeckt etwa **2 Minuten** bei **450 Watt** erhitzen

Gesamt-Garzeit:	Etwa 18 Minuten.
Beilage:	Kräuter-Kartoffel oder Reis, verschiedene Blattsalate oder Paprikaschoten-Salat oder Stangenweißbrot mit Kräuterbutter.

Hähnchenschenkel
(Etwa 3 Portionen — Foto S. 71)

3 Hähnchenschenkel (je etwa 275 g)	unter fließendem kaltem Wasser abspülen, trockentupfen, mit
Salz, Pfeffer Paprika edelsüß	bestreuen
3 Eßl. Speiseöl	in einer Pfanne auf dem konventionellen Herd erhitzen die Hähnchenschenkel in etwa **7 Minuten** von beiden Seiten darin anbraten, in eine Schüssel legen, abgedeckt etwa **5 Minuten** bei **700 Watt** und etwa **5 Minuten** bei **450 Watt** garen
Gesamt-Garzeit:	Etwa 17 Minuten.

Schweinefilet in Pfifferling-Rahmsauce
(3—4 Portionen)

	Von
2 Schweinefilets (je etwa 300 g)	Haut und Fettreste entfernen, die Filets unter fließendem kaltem Wasser abspülen, trockentupfen, mit
Salz, Pfeffer gerebeltem Majoran 10 Scheiben durchwachsenen Speck	bestreuen, mit
	umwickeln, in eine längliche Auflaufform legen, abgedeckt **10—12 Minuten** bei **700 Watt** garen, nach der Hälfte der Zeit wenden, die Filets in Alufolie verpackt etwa 10 Minuten bei Zimmertemperatur liegenlassen für die Pfifferlings-Rahmsauce
100 g Pfifferlinge	putzen, waschen, große Pilze halbieren oder vierteln, in den Bratensatz geben, abgedeckt etwa **3 Minuten** bei **700 Watt** dünsten
1 Becher (150 g) Crème fraîche	unterrühren, nach Belieben
1 Teel. Butter 1 Teel. Weizenmehl	mit mit einer Gabel verkneten, zu den Crème-fraîche-Pfifferlingen geben, mit
Pilz-Soja-Soße	würzen, abgedeckt etwa **2 Minuten** bei **700 Watt** garen, zwischendurch einmal umrühren die Sauce mit Salz, Pilz-Soja-Soße abschmecken das Fleisch in Scheiben schneiden, auf einer vorgewärmten Platte anrichten, die Sauce dazureichen
Gesamt-Garzeit:	Etwa 15 Minuten.

Italienischer Hackbraten

(3—4 Portionen — Foto S. 73)

1 Brötchen (vom Vortage) kaltem Wasser	in einweichen, gut ausdrücken
1 Zwiebel	abziehen, würfeln, mit dem ausgedrückten Brötchen,
500 g Gehacktem (halb Rind-, halb Schweinefleisch) 2 Eiern 3 Eßl. Tomaten-Ketchup 1—2 Teel. italienischer Kräutermischung	vermengen, mit
Salz Pfeffer Paprika edelsüß	würzen, den Fleischteig oval formen, in eine flache Glas- oder Porzellan-Form legen, mit
5 Scheiben durchwachsenem Speck	belegen, offen **16—18 Minuten** bei **700 Watt** garen den garen Hackbraten etwa 10 Minuten mit Alufolie abgedeckt bei Zimmertemperatur stehenlassen.

Schottisches Schmorfleisch

(3—4 Portionen)

750 g Rindfleisch (aus der Keule)	unter fließendem kaltem Wasser abspülen, trockentupfen das Fleisch in etwa 2 cm große Würfel schneiden
2—3 Eßl. Speiseöl	in einer Pfanne auf dem konventionellen Herd erhitzen die Fleischwürfel unter Rühren etwa **7 Minuten** darin anbraten, mit
Salz frisch gemahlenem weißem Pfeffer	würzen
4 Zwiebeln (etwa 175 g)	abziehen, würfeln
200 g Möhren	putzen, schrappen, waschen, in nicht zu kleine Würfel schneiden beide Zutaten zu dem Fleisch geben, **1—2 Minuten** durchdünsten lassen das Fleisch-Gemüse-Gemisch in eine Glas- oder Keramikform geben

▶

500 ml (¹/₂ l) Wasser	den Bratensatz mit verrühren
2 Teel. Körnige Instant-Fleischbrühe	
1 Eßl. Worcestersauce	
2 Lorbeerblätter	unterrühren, mit
50 g Perlgraupen	zu dem Fleisch geben, gut verrühren, abgedeckt etwa **5 Minuten** bei **700 Watt** garen, umrühren, abgedeckt weitere etwa **25 Minuten** bei **450 Watt** garen, zwischendurch zwei- bis dreimal umrühren das Schmorfleisch abgedeckt etwa 5 Minuten außerhalb des Gerätes stehenlassen, mit Salz, Pfeffer abschmecken, mit
4 Eßl. gehackter Petersilie	bestreuen
Gesamt-Garzeit:	Etwa 38 Minuten.
Beilage:	Fladenbrot oder Kräuter-Reis, Salat.

Kasseler, glasiert
(Etwa 4 Portionen — Foto S. 75)

800 g Kasselerkotelett am Stück ohne Knochen	unter fließendem kaltem Wasser abspülen, trockentupfen, in eine Glas- oder Porzellan-Form legen
1 Eßl. Aprikosen-Konfitüre	mit
1 Teel. Honig	
1 Eßl. Weinbrand	
1 Messerspitze gemahlenem Ingwer	
1 Messerspitze gemahlenem Koriander	verrühren das Fleisch mit ²/₃ der Masse bestreichen den Temperaturfühler einstechen (s. S. 8), die Kerntemperatur von **70—75 Grad** und **700 Watt** einstellen
Garzeit:	15—17 Minuten das Fleisch mit der restlichen Glasur bestreichen, locker in Alufolie wickeln, etwa 10 Minuten bei Zimmertemperatur ruhen lassen das Fleisch in Scheiben schneiden, auf einer vorgewärmten Platte anrichten, den Bratensatz darüber geben.
Beigabe:	Ananaskraut, Kartoffelbrei.
Tip:	Das Kasseler kalt aufschneiden, süß-saures Chutney dazureichen.

Hähnchenkeulen mit geschmorten Möhren

(Etwa 4 Portionen — Foto S. 77)

Für die Möhren

750 g junge Möhren putzen, schrappen, waschen, in etwa $1/2$ cm breite Streifen schneiden

3 mittelgroße Zwiebeln (etwa 100 g) abziehen, würfeln, mit

1 Eßl. Butter oder Margarine in eine große Glas- oder Porzellan-Schüssel geben, abgedeckt etwa **4 Minuten** bei **700 Watt** dünsten die Möhrenstifte hinzufügen

125 ml ($1/8$ l) heißes Wasser hinzugießen, mit

Salz

frisch gemahlenem weißem Pfeffer würzen, abgedeckt etwa **7 Minuten** bei **700 Watt** garen, umrühren, abgedeckt weitere etwa **8 Minuten** bei **450 Watt** garen, zwischendurch einmal umrühren

4 Hähnchenkeulen (je etwa 225 g) unter fließendem kaltem Wasser abspülen, trockentupfen, mit Salz, Pfeffer,

Paprika edelsüß

Currypulver

1 Eßl. Butterschmalz oder Margarine bestreuen

in einer Pfanne auf dem konventionellen Herd erhitzen die Hähnchenkeulen in 5—7 Minuten von beiden Seiten darin anbraten, auf die Möhrenstifte legen, abgedeckt etwa **5 Minuten** bei **700 Watt** garen, abgedeckt weitere **8—10 Minuten** bei **450 Watt** garen das Gemüse mit

2 Eßl. gehackter Petersilie bestreuen, mit Salz, Pfeffer abschmecken, mit den Hähnchenkeulen auf einer vorgewärmten Platte anrichten

Gesamt-Garzeit: Etwa 38 Minuten.

Beilage: Salzkartoffeln oder Pilzreis.

Möhren: Auch Gartenmöhren, Mohrrüben, gelbe Wurzeln und Wurzeln genannt. Die rundliche Sorte heißt Karotte. Bei frischen, jungen Möhren ist der charakteristische, feinsüßliche Geschmack besonders ausgeprägt. Möhren haben einen Zuckergehalt von etwa 6%. Beliebt als Gemüse, Eintopf-Gericht oder Rohkost.

Rinderfilet Esterházy

(Etwa 4 Portionen)

800 g Rinderfilet (ein gleichmäßig dickes Stück aus der Mitte)	unter fließendem kaltem Wasser abspülen, trockentupfen, evtl. Haut- und Fettreste entfernen, mit
Salz, Pfeffer	bestreuen
l Eßl. Butter	in einer Pfanne auf dem konventionellen Herd erhitzen, das Filet etwa **5 Minuten** von allen Seiten darin anbraten, in eine Glas- oder Porzellan-Form legen den Bratensatz mit
3 Eßl. Wasser	verrühren, über das Fleisch geben, abgedeckt **6—8 Minuten** bei **700 Watt** garen, wenden, abgedeckt weitere **6—8 Minuten** bei **450 Watt** garen das Filet in Alufolie gewickelt etwa 10 Minuten bei Zimmertemperatur stehenlassen
	für die Sauce
l Schalotte	abziehen, würfeln
l Petersilienwurzel (etwa 50 g) l Möhre (etwa 60 g) l kleines Stück Sellerieknolle (etwa 50 g)	die 3 Zutaten putzen, waschen, grob raspeln
l Stengel Staudensellerie (etwa 60 g) l dünne Stange Porree (etwa 150 g)	putzen, längs halbieren beide Zutaten waschen, in dünne Scheiben schneiden
l Teel. Kapern	hacken
Schale von ¹/₂ Zitrone (unbehandelt)	in feine Streifen schneiden die Gemüse-Zutaten in den Bratensatz geben
l Becher (150 g) Crème fraîche Pilz-Soja-Soße	unterrühren, mit Salz, Pfeffer, würzen, abgedeckt etwa **3¹/₂ Minuten** bei **700 Watt** garen das Filet in Scheiben schneiden, mit etwas von der Gemüsesauce auf einer vorgewärmten Platte anrichten die restliche Sauce dazureichen
Gesamt-Garzeit:	20—24 Minuten.
Beilage:	Kartoffel-Zucchini-Auflauf.

Lammfilet im Wirsingmantel

(Etwa 4 Portionen)

450 g ausgeschälter Lammrücken mit Filet	unter fließendem kaltem Wasser abspülen, trockentupfen, mit
Salz, Pfeffer	bestreuen
I Eßl. Butter	in einer Pfanne auf dem konventionellen Herd erhitzen, das Fleisch unter Wenden 2—3 Minuten darin anbraten
8 große Wirsingblätter (etwa 300 g)	waschen, in
kochendes Salzwasser	geben, zum Kochen bringen, 8—10 Minuten kochen lassen, auf ein Sieb geben, mit kaltem Wasser übergießen, abtropfen lassen
	jeweils 4 Blätter zu einem Quadrat legen
250 g Bratwurstmasse	mit
2 Eßl. gemischten, gehackten Kräutern abgeriebener Schale von ¹/₂ Zitrone (unbehandelt)	verrühren
I Knoblauchzehe	abziehen, durchpressen, unterrühren
	die Masse auf die 2 Wirsing-Quadrate verteilen, glattstreichen
	jeweils eine Lammrückenhälfte und ein Filet längs voreinander auf jedes Quadrat legen, die Quadrate aufrollen, in eine rechteckige Auflaufform legen
	den Bratensatz aus der Pfanne mit
4—5 Eßl. Wasser	verrühren, über die Wirsingrollen gießen, abgedeckt etwa **5 Minuten** bei **700 Watt** garen, umdrehen, abgedeckt weitere etwa **8 Minuten** bei **450 Watt** garen die Wirsingrollen auf eine vorgewärmte Platte legen, mit Alufolie abgedeckt etwa 5 Minuten bei Zimmertemperatur stehenlassen, nach Belieben den Bratensatz mit
etwas Wasser	auffüllen
I Teel. Butter	mit
I Teel. Weizenmehl	mit Hilfe einer Gabel verkneten, in den Bratensaft geben, abgedeckt **2—3 Minuten** bei **700 Watt** garen, mit einem Schneebesen durchschlagen, die Sauce mit Salz, Pfeffer,
Pilz-Sojasoße	abschmecken
	den Lammrücken im Wirsingmantel in Scheiben schneiden, die Sauce dazureichen
Gesamt-Garzeit:	Etwa 28 Minuten.
Beilage:	Röstkartoffeln, Tomatensalat.

Farben-frohes Gemüse

Tips:

Im Mikrowellen-Gerät gegartes Gemüse behält seine knackige Frische und seine intensive Farbe.

Die Garzeiten für Gemüse sind abhängig von der Frische und der Qualität des Gemüses. Besonders gut geeignet zum Garen im Mikro-wellen-Gerät sind wasserhaltige, faser-arme Gemüsearten.

Zucchini-Tomaten-Gemüse
(3—4 Portionen — Foto S. 80/81)

1 Knoblauchzehe	abziehen, würfeln, mit
3 EßI. Olivenöl	in eine Glas- oder Porzellan-Schüssel geben, abgedeckt **etwa 3** bei **700 Watt** garen
600 g Zucchini	waschen, abtrocknen, den Stengelansatz herausschneiden, die Zucchini in Scheiben schneiden, zu den Knoblauchwürfeln geben, mit
Salz **Pfeffer** **gerebeltem Oregano**	würzen, abgedeckt etwa **10 Minuten** bei **700 Watt** garen, zwischendurch zwei- bis dreimal umrühren
3 Tomaten	kurze Zeit in kochendes Wasser legen (nicht kochen lassen), in kaltem Wasser abschrecken, enthäuten, die Stengelansätze herausschneiden, die Tomaten in Achtel schneiden, mit Salz, Pfeffer würzen, zu den Zucchinischeiben geben, abgedeckt **3—4 Minuten** bei **700 Watt** garen, mit Salz, Pfeffer abschmecken, nach Belieben
1 EßI. Tomatenmark	unter das Gemüse rühren
Gesamt-Garzeit:	16-17 Minuten.

Kräuter-Speck-Böhnchen
(3—4 Portionen — Foto S. 83)

100 g durchwachsenen Speck	in Würfel schneiden
1 Zwiebel	abziehen, würfeln
	beide Zutaten mit
1 EßI. Butter	abgedeckt etwa **3 Minuten** bei **700 Watt** dünsten
600 g Grüne Bohnen	putzen, abfädeln, waschen, in Stücke schneiden, mit
4 EßI. Wasser	zu der Speck-Zwiebel-Masse geben, mit
Salz, Pfeffer	würzen, abgedeckt etwa **5 Minuten** bei **700 Watt** garen, zwischendurch einmal umrühren, weitere etwa **12 Minuten** bei **450 Watt** garen, zwischendurch zweimal umrühren
	die Kräuter-Speck-Böhnchen mit Salz, Pfeffer abschmecken
1—2 EßI. gehackten Dill **2 EßI. gehackte Petersilie** **1 EßI. gehackten Estragon**	unterrühren
Gesamt-Garzeit:	Etwa 20 Minuten.

Fruchtiger Rotkohl
(3–4 Portionen)

	Von
1 Kopf Rotkohl (etwa 600 g)	die welken Blätter entfernen, den Kohlkopf vierteln, den Strunk herausschneiden, den Kohl waschen, in feine Streifen schneiden
1 Zwiebel	abziehen, würfeln, mit
3 Eßl. Speiseöl oder 40 g Butterschmalz	in eine Glas- oder Porzellan-Schüssel geben, abgedeckt etwa **3 Minuten** bei **700 Watt** garen
2 säuerliche Äpfel	schälen, vierteln, entkernen, in Streifen schneiden, mit dem Rotkohl,
150 g Backpflaumen gut 125 ml (¹/₈ l) Rotwein 2–3 Eßl. Kräuteressig 3 Wacholderbeeren 2 Nelken 3 Pimentkörnern 1 Lorbeerblatt	zu den Zwiebelwürfeln geben, mit
Salz, Pfeffer	würzen, abgedeckt etwa **8 Minuten** bei **700 Watt** garen, umrühren, abgedeckt weitere etwa **15 Minuten** bei **450 Watt** garen, zwischendurch zweimal umrühren den Rotkohl mit Salz, Pfeffer,
Zucker	abschmecken
Gesamt-Garzeit:	26–34 Minuten.
Tip:	Rotkohl mit Biß etwa 15 Minuten, Rotkohl weich etwa 23 Minuten garen.

Mais-Gemüse mit Parmesan
(Etwa 3 Portionen)

1 Zwiebel 1 Knoblauchzehe	beide Zutaten abziehen, würfeln, mit
3 Eßl. Olivenöl	in eine Glas- oder Porzellan-Schüssel geben, abgedeckt etwa **3 Minuten** bei **700 Watt** dünsten
1 grüne Paprikaschote	halbieren, entstielen, entkernen, die weißen Scheidewände entfernen, die Schote waschen, in kleine Würfel schneiden, zu den Zwiebel-Knoblauch-Würfeln geben, abgedeckt etwa **4 Minuten** bei **700 Watt** garen

etwa 285 g Gemüsemais	
(aus der Dose)	abtropfen lassen
2 Tomaten	waschen, abtrocknen, halbieren, entkernen, die Stengelansätze herausschneiden, das Tomatenfleisch in Würfel schneiden
	beide Zutaten zu den Paprikawürfeln geben, mit
Salz, Pfeffer	
Chilipulver	würzen, abgedeckt **3—5 Minuten** bei **700 Watt** garen
40 g geriebenen	
Parmesan-Käse	mit
1 Eßl. gehackter	
Petersilie	unterrühren, abgedeckt 2—3 Minuten bei Zimmertemperatur stehenlassen
Gesamt-Garzeit:	Etwa 10 Minuten.

Bohnen auf italienische Art
(Etwa 3 Portionen)

¹/₂ Bund	
Frühlingszwiebeln	putzen, waschen, die Zwiebeln halbieren, in Scheiben schneiden, das Grün in etwa 4 cm lange Stücke schneiden
1—2 Knoblauch-	
zehen	abziehen, würfeln,
	beide Zutaten mit
2—3 Eßl. Olivenöl	in eine Glas- oder Porzellan-Schüssel geben, abgedeckt etwa **3 Minuten** bei **700 Watt** andünsten
400 g Grüne	
Bohnen	putzen, abfädeln, waschen, in Stücke schneiden, mit
3 Eßl. Wasser	zu den Zwiebelwürfeln geben, mit
Salz, Pfeffer	
gerebeltem Oregano	würzen, abgedeckt etwa **5 Minuten** bei **700 Watt** garen, zwischendurch einmal umrühren
1 Fleischtomate	
(etwa 300 g)	kurze Zeit in kochendes Wasser legen (nicht kochen lassen), in kaltem Wasser abschrecken, enthäuten, die Stengelansätze herausschneiden, die Tomate in Würfel schneiden, zu den Bohnen geben, mit Salz, Pfeffer würzen, abgedeckt etwa **10 Minuten** bei **450 Watt** (ältere Bohnen entsprechend länger garen), nach etwa 5 Minuten Garzeit umrühren
	das Gemüse mit Salz, Pfeffer abschmecken, mit
2 Eßl. gehackter	
Petersilie	bestreuen
Gesamt-Garzeit:	Etwa 18 Minuten.

Erbsen mit Frühlingszwiebeln

(2−3 Portionen − Foto S. 87)

125 g Frühlingszwiebeln mit Grün (etwa 3 Stück)	waschen, Zwiebeln halbieren oder vierteln, mit dem Grün in Scheiben schneiden, mit
30 g Butter	in eine Glas- oder Porzellan-Schüssel geben, offen etwa **2¹/₂ Minuten** bei **700 Watt** garen
300 g ausgepalte Erbsen (1 kg mit Schoten)	waschen, mit
3 Eßl. Wasser	zu den Frühlingszwiebeln geben, mit
Salz frisch gemahlenem weißem Pfeffer	würzen, abgedeckt etwa **4−6 Minuten** bei **700 Watt** und **4−6 Minuten** bei **450 Watt** weitergaren, die Erbsen ab und zu umrühren die garen Erbsen mit
2 Eßl. gehackter Petersilie	bestreuen
Gesamt-Garzeit:	11 − 14 Minuten. Erbsen mit Frühlingszwiebeln zu kurzgebratenem Fleisch (Kotelett, Schnitzel) reichen.

Apfel-Sauerkraut

(3−4 Portionen)

2 mittelgroße Zwiebeln	abziehen, würfeln, mit
2 Eßl. Speiseöl	in eine Glas- oder Porzellan-Schüssel geben, abgedeckt etwa **3 Minuten** bei **700 Watt** dünsten
375 g Sauerkraut	lockerzupfen
300 g Äpfel	schälen, vierteln, entkernen, in Scheiben schneiden, mit dem Sauerkraut,
1 Lorbeerblatt 4 Wacholderbeeren 6 Pfefferkörnern	zu den Zwiebelwürfeln geben, mit
Salz	würzen
gut 125 ml (¹/₈ l) Wasser	hinzugießen, abgedeckt etwa **11 Minuten** bei **700 Watt** garen, zwischendurch ein- bis zweimal umrühren das Apfel-Sauerkraut mit Salz,
Pfeffer, Zucker	abschmecken
Gesamt-Garzeit:	Etwa 14 Minuten.

Feines Wirsinggemüse

(3 Portionen — Foto S. 89)

75 g durchwachsenen Speck	in Würfel schneiden
1 Zwiebel	
1 Knoblauchzehe	beide Zutaten abziehen, würfeln, mit
1 Eßl. Butter	in eine Auflaufform geben, abgedeckt etwa **3 Minuten** bei **700 Watt** dünsten
300 g Wirsing (vorbereitet gewogen)	waschen, achteln, in etwa 2 cm breite Streifen schneiden, zu der Speck-Zwiebel-Masse geben
200 g Champignons	putzen, waschen, abtropfen lassen, halbieren oder vierteln, zu dem Wirsing geben, abgedeckt etwa **7 Minuten** bei **700 Watt** garen
	das Gemüse zwischendurch einmal umrühren, dann weitere **10—12 Minuten** bei **450 Watt** garen, zwischendurch ein- bis zweimal umrühren
	das Wirsinggemüse mit
1 Eßl. gehackter Petersilie	bestreuen
Gesamt-Garzeit:	20—22 Minuten.

Möhren in Haselnuß-Butter

(Etwa 3 Portionen)

600 g Möhren	putzen, schrappen, waschen, in etwa $1/2$ cm breite, 5—6 cm lange Stifte schneiden, tropfnaß in eine Glas- oder Porzellan-Schüssel geben, mit
Salz	würzen, abgedeckt etwa **5 Minuten** bei **700 Watt** garen, evtl.
etwas Wasser	hinzufügen, umrühren, abgedeckt weitere **18-20 Minuten** bei **450 Watt** garen, mit Salz,
Pfeffer	
2 Eßl. Zitronensaft	abschmecken
50 g Butter	mit
50 g gemahlenen Haselnußkernen	in einer Glas- oder Porzellan-Schüssel etwa **3 Minuten** bei **700 Watt** erhitzen, umrühren, mit den Möhrenstiften vermengen, sofort servieren
Gesamt-Garzeit:	23—25 Minuten.
Tip:	Möhren in Haßelnuß-Butter zu Schweinefilet reichen.

Ratatouille (Provençalischer Gemüsetopf)
(Etwa 4 Portionen — Foto S. 91)

1 Zwiebel **1 Knoblauchzehe** **3 Eßl. Olivenöl**	beide Zutaten abziehen, würfeln, mit in eine Glas- oder Porzellan-Schüssel geben, abgedeckt etwa **3 Minuten** bei **700 Watt** dünsten
1 rote und 1 grüne Paprikaschote (etwa 250 g)	halbieren, entstielen, entkernen, die weißen Scheidewände entfernen, die Schoten waschen, vierteln, in Streifen schneiden
1 Aubergine (etwa 250 g)	waschen, halbieren, in Scheiben schneiden
1 gelbe oder grüne Zucchini (etwa 250 g)	waschen, den Stielansatz abschneiden, die Zucchini in Scheiben schneiden
1 Fleischtomate (etwa 250 g)	waschen, den Stengelansatz herausschneiden, die Tomate in Würfel schneiden, das Gemüse zu den Zwiebel- und Knoblauchwürfeln geben, mit
Salz, Pfeffer Kräutern der Provence	würzen, abgedeckt etwa **5 Minuten** bei **700 Watt** garen, umrühren, weitere etwa **15 Minuten** bei **450 Watt** garen, zwischendurch zweimal umrühren
200 g Tomaten-Ketchup	unterrühren das Ratatouille mit Salz, Pfeffer, Kräutern der Provence abschmecken, weitere etwa **3 Minuten** bei **450 Watt** garen
Gesamt-Garzeit:	Etwa 26 Minuten.

Feines Erbspüree mit Frühlingszwiebeln
(3—4 Portionen)

600 g tiefgekühlte Erbsen **Salz**	in eine Glas- oder Porzellan-Schüssel geben, mit bestreuen, abgedeckt etwa **6 Minuten** bei **700 Watt** garen, nach etwa 3 Minuten umrühren, dann weitere etwa **8 Minuten** bei **450 Watt** garen, zwischendurch einmal umrühren, die Erbsen pürieren
¹/₂ Becher (75 g) Crème fraîche **Salz, Pfeffer**	unterrühren, mit

▶

geriebener Muskatnuß	abschmecken, abgedeckt etwa 1¹/2 **Minuten** bei **700 Watt** erhitzen
¹/2 **Bund Frühlings-** **zwiebeln (etwa 200 g)**	putzen, waschen, die Zwiebeln abziehen, vierteln, in dünne Scheiben schneiden, das Grün in Ringe schneiden, mit
1 Eßl. Butter	in eine kleine Schüssel geben, abgedeckt etwa **3 Minuten** bei **700 Watt** dünsten, über das Erbspüree geben
Gesamt-Garzeit:	Etwa 18¹/2 Minuten.
Beilage:	Kurzgebratenes Fleisch.

Blumenkohl mit Käse-Sauce
(2−3 Portionen)

1 Kopf Blumenkohl **(etwa 500 g vorbe-** **reitet gewogen)**	in Röschen teilen, gründlich waschen, die Stiele kreuz-förmig einschneiden
3 Eßl. Milch	in eine Glas- oder Porzellan-Form geben, die Blumen-kohlröschen hineinlegen, mit
Salz	bestreuen
125 g geriebenen **Holländer Gouda**	mit
1 Becher (150 g) **Crème fraîche**	verrühren, mit Salz,
Pfeffer geriebener Muskatnuß	würzen, über die Blumenkohlröschen geben, abgedeckt **11−13 Minuten** bei **700 Watt** garen.

Rosenkohl auf Brüsseler Art
(Etwa 3 Portionen)

600 g Rosenkohl	putzen, waschen, mit
knapp 125 ml (¹/8 l) **Instant-Fleischbrühe** **1 Eßl. Butter**	in eine Glas- oder Porzellan-Schüssel geben, abge-deckt etwa **8 Minuten** bei **700 Watt** garen, zwischen-durch einmal umrühren, abgedeckt weitere **5−6 Minuten** bei **450 Watt** garen
125 ml (¹/8 l) **Schlagsahne**	mit
2 Eigelb	verschlagen, mit
Salz, Pfeffer geriebener Muskatnuß	würzen, über den Rosenkohl geben, abgedeckt etwa

92

2 **Minuten** bei **450 Watt** erhitzen, vorsichtig mit einer
Gabel durchrühren, mit

gehackter Petersilie bestreuen
Gesamt-Garzeit: Etwa 16 Minuten.

Würzige Champignons
(2-3 Portionen)

**75 g durchwach-
senen Speck** in Streifen schneiden
1 Zwiebel abziehen, würfeln, mit
1 Eßl. Butter in eine Glas- oder Porzellan-Schüssel geben,
offen etwa **3 Minuten** bei **700 Watt** dünsten lassen

**500 g kleine
Champignons** putzen, waschen, abtropfen lassen, hinzufügen, mit
Salz, Pfeffer würzen, abgedeckt **5—7 Minuten** bei **700 Watt** garen
die Pilze zwischendurch ein- bis zweimal umrühren
Gesamt-Garzeit: Etwa 10 Minuten
die garen Champignons etwa 5 Minuten abgedeckt
bei Zimmertemperatur stehenlassen, mit
gehackter Petersilie bestreuen.

Möhrensalat nach Winzer Art
(Etwa 4 Portionen)

750 g Möhren putzen, schrappen, waschen, in Scheiben schneiden
(dicke Möhren vorher evtl. längs halbieren)
2 Zwiebeln abziehen, halbieren, in dünne Scheiben schneiden, mit
3 Eßl. Speiseöl in eine Glas- oder Porzellan-Schüssel geben, abgedeckt etwa **3 Minuten** bei **700 Watt** dünsten, die Möhren-
scheiben hinzufügen, mit

**125 ml (¹/₈ l)
Weißwein** hinzufügen, mit
Salz, Pfeffer würzen, abgedeckt etwa **8 Minuten** bei **700 Watt** garen,
umrühren, abgedeckt weitere **8-10 Minuten** bei **450
Watt** garen
die Möhren erkalten lassen, evtl. mit Salz, Pfeffer
abschmecken
gehackte Petersilie unterrühren
Gesamt-Garzeit: Etwa 21 Minuten.

Tip: Möhrensalat nach Winzer Art zu Wild, Rinder- oder
Hammelbraten reichen.

Buntes Kohlgemüse

(3—4 Portionen — Foto S. 95)

I große Zwiebel	abziehen, vierteln, in Scheiben schneiden, mit
3 Eßl. Olivenöl	in eine Glas- oder Porzellan-Schüssel geben, abgedeckt etwa **3 Minuten** bei **700 Watt** dünsten
2 Stengel Staudensellerie (etwa 150 g)	putzen, dunkle Stellen entfernen, die Stengel waschen, in Streifen schneiden
2 Möhren (etwa 125 g)	putzen, schrappen, waschen, in Würfel schneiden
etwa 600 g Weißkohl (vorbereitet gewogen)	waschen, in kleine Stücke schneiden das Gemüse zu den Zwiebelscheiben geben, mit
Salz, Pfeffer	würzen
125 ml ($^1/_8$ l) Instant-Fleischbrühe	hinzugießen, abgedeckt etwa **6 Minuten** bei **700 Watt** garen, vorsichtig umrühren, abgedeckt weitere etwa **8 Minuten** bei **450 Watt** garen
2 Tomaten (etwa 180 g)	kurze Zeit in kochendes Wasser legen (nicht kochen lassen), in kaltem Wasser abschrecken, enthäuten, die Stengelansätze herausschneiden, die Tomaten in Viertel schneiden, mit
I Teel. Kapern	zu dem Gemüse geben, abgedeckt etwa **2 Minuten** bei **450 Watt** garen
Gesamt-Garzeit:	Etwa 19 Minuten.

Kohlrabi in Kräutersahne

(Etwa 3 Portionen)

600 g Kohlrabi	schälen, waschen, in feine Stifte schneiden, mit
I Eßl. Butter 100 ml kaltem Wasser Salz	in eine Glas- oder Porzellan-Schüssel geben, abgedeckt etwa **5 Minuten** bei **700 Watt** garen, umrühren, abgedeckt weitere etwa **12 Minuten** bei **450 Watt** garen, zwischendurch zweimal umrühren
$^1/_2$ Becher (75 g) Kräuter-Crème-fraîche	mit
2 Eßl. gehackter Petersilie	unterrühren, etwa **I Minute** bei **450 Watt** erhitzen
Gesamt-Garzeit:	Etwa 18 Minuten.

Klassische Beilagen — Kartoffeln, Reis und würzige Aufläufe

Tips:

Die angegebenen Ausgleichszeiten sind erforderlich, damit die Wärme sich gleichmäßig in der Speise verteilen kann.

Zum Garen von Aufläufen eignen sich flache, breite Formen besser, als schmale, hohe Formen.

Knoblauch-Petersilien-Kartoffeln
(Etwa 4 Portionen — Foto S. 99)

600 g gleichgroße Kartoffeln	waschen, mit
125 ml (¹/8 l) Salzwasser	in eine Glas- oder Porzellan-Schüssel geben, abgedeckt etwa **6 Minuten** bei **700 Watt** garen, umrühren, abgedeckt weitere **9—10 Minuten** bei **450 Watt** garen die Kartoffeln kalt abspülen, pellen, erkalten lassen, vierteln
1—2 Knoblauchzehen	abziehen, durchpressen, mit
1¹/2 Eßl. gehackter, glatter Petersilie	in die Schüssel geben, die Kartoffelviertel mit
3—4 Eßl. Olivenöl	hinzufügen, mit
Salz frisch gemahlenem weißem Pfeffer	würzen, abgedeckt etwa **6 Minuten** bei **700 Watt** erhitzen, zwischendurch ein- bis zweimal vorsichtig durchschwenken, mit
50 g geriebenem Parmesan-Käse	bestreuen
Gesamt-Garzeit:	Etwa 22 Minuten.
Tip:	Knoblauch-Petersilien-Kartoffeln zu gegrilltem Lammfleisch oder zu pikant gewürztem, kurzgebratenem Rindfleisch reichen.

Tomaten auf Berner Art
(Etwa 3 Portionen — Foto S. 96/97)

4 Kartoffeln (etwa 300 g)	waschen, mit
3 Eßl. Wasser	in eine Glas- oder Porzellan-Schüssel geben, abgedeckt etwa **5 Minuten** bei **700 Watt** garen die Kartoffeln pellen, in Scheiben schneiden
6 Tomaten (etwa 500 g)	waschen, abtrocknen, jeweils den Deckel abschneiden die Tomaten aushöhlen, austropfen lassen
	für die Füllung
2 Zwiebeln	abziehen, würfeln, mit
1 Eßl. Butter	in eine Glas- oder Porzellan-Schüssel geben, abgedeckt etwa **3 Minuten** bei **700 Watt** dünsten
150 g Greyerzer Käse	in Würfel schneiden, mit

▶

2-3 Eßl. gehackter Petersilie	zu den Zwiebelwürfeln geben, vermengen die abgetropften Tomaten in eine gefettete Auflaufform setzen, die Kartoffelscheiben schuppenförmig um die Tomate legen die Käse-Zwiebelmasse in die Tomaten füllen, die verbleibende Käsemasse auf die Kartoffelscheiben verteilen
3 Eier	mit
250 ml (¹/₄ l) Milch	verschlagen, mit
Salz	
frisch gemahlenem weißem Pfeffer	
Rosenpaprika	
geriebener Muskatnuß	würzen, in und um die Tomaten gießen, die Deckel auf die Tomaten legen, abgedeckt etwa **17—20 Minuten** bei **450 Watt** garen nach 12—15 Minuten Garzeit die Kartoffelscheiben an mehreren Stellen vorsichtig mit einer Gabel auseinanderschieben, damit die Eiermilch aus der Mitte zum Rand fließen kann
Gesamt-Garzeit:	25—28 Minuten.

Himmel und Erde
(Etwa 4 Portionen — Foto S. 101)

600 g Kartoffeln	schälen, waschen, in Würfel schneiden, mit
125 ml (¹/₈ l) Wasser	
Salz	
Zucker	in eine Glas- oder Keramik-Schüssel geben, abgedeckt etwa **5 Minuten** bei **700 Watt** garen, umrühren, weitere etwa **5 Minuten** bei **450 Watt** garen, umrühren,
300 g Äpfel	schälen, vierteln, entkernen, in Stücke schneiden, hinzufügen, abgedeckt etwa **3 Minuten** bei **700 Watt** garen, umrühren, abgedeckt weitere etwa **8 Minuten** bei **450 Watt** garen das Gericht mit Salz, Zucker abschmecken
2 große Zwiebeln	abziehen, in dünne Scheiben schneiden, in Ringe teilen
75 g fetten Speck	in Würfel schneiden, mit den Zwiebelringen in eine Glas- oder Porzellan-Schüssel geben, offen etwa **13 Minuten** bei **700 Watt** dünsten, zwischendurch mehrmals umrühren, über das Kartoffel-Apfel-Gericht geben
Gesamt-Garzeit:	Etwa 34 Minuten.
Tip:	Das Gericht zu gebratener Blutwurst oder zu Kasseler-Braten reichen.

Mexikanischer Reis

(Etwa 3 Portionen — Foto S. 103)

175 g Langkornreis	mit
375 ml (³/₈ l) Instant-Fleischbrühe	in eine Glas- oder Porzellan-Schüssel geben, abgedeckt etwa **7 Minuten** bei **700 Watt** garen, umrühren, weitere etwa **10 Minuten** bei **450 Watt** garen den garen Reis abgedeckt etwa 10 Minuten bei Zimmertemperatur stehenlassen
1 Zwiebel	abziehen, würfeln, mit
1 Eßl. Butter	in eine Glas- oder Porzellan-Schüssel geben, offen etwa **3 Minuten** bei **700 Watt** dünsten
1 Paprikaschote (etwa 250 g)	halbieren, entstielen, entkernen, die weißen Scheidewände entfernen, die Schote waschen, in Würfel schneiden, zu den Zwiebelwürfeln geben, mit
Salz, Pfeffer	würzen, abgedeckt noch etwa **3 Minuten** bei **700 Watt** garen
etwa 135 g Gemüsemais (aus der Dose)	hinzufügen, verrühren, abgedeckt etwa **2 Minuten** bei **700 Watt** erhitzen, evtl. nochmals mit Salz, Pfeffer abschmecken, mit Reis vermengen
Gesamt-Garzeit:	Etwa 25 Minuten.

Gemüsereis

(Etwa 3 Portionen)

1 Zwiebel	abziehen, würfeln
1 Stange Porree	putzen, längs halbieren, waschen, in Streifen schneiden
1 Stück Sellerie (etwa 50 g)	schälen, waschen, in dünne Streifen schneiden
150 g Möhren	putzen, schrappen, waschen, in dünne Stifte schneiden das Gemüse mit
1 Eßl. Butter	in eine Glas- oder Porzellan-Schüssel geben, abgedeckt etwa **3 Minuten** bei **700 Watt** garen, umrühren
175 g Langkorn-Reis	mit
gut 375 ml (³/₈ l) Instant-Fleischbrühe	hinzufügen, abgedeckt etwa **6 Minuten** bei **700 Watt** garen, umrühren, abgedeckt weitere etwa **10 Minuten** bei **450 Watt** garen, mit
Salz, Pfeffer	abschmecken den Gemüsereis abgedeckt 5—10 Minuten bei Zimmertemperatur stehenlassen
Gesamt-Garzeit:	Etwa 19 Minuten.

Käsereis
(3—4 Portionen — Foto S. 105)

250 g Langkornreis **2 Eß. Speiseöl**	mit in eine Glas- oder Porzellan-Schüssel geben, abgedeckt etwa **1 1/2 Minuten** bei **700 Watt** erhitzen
500 ml (1/2 l) **Fleischbrühe**	hinzugießen, abgedeckt etwa **8 Minuten** bei **700 Watt** garen, zwischendurch einmal umrühren weitere etwa **10 Minuten** bei **450 Watt** garen, nach der Hälfte der Garzeit einmal umrühren, den Reis abgedeckt etwa 10 Minuten bei Zimmertemperatur stehenlassen, mit
gehackte Petersilie **100 g geriebenem** **Emmentaler Käse**	unter den Reis rühren, abgedeckt etwa **1 Minuten** bei **700 Watt** erhitzen
Gesamt-Garzeit:	Etwa 20 Minuten.

Pfifferlings-Reis
(3—4 Portionen)

Gut 400 ml Wasser	in eine Glas- oder Porzellan-Schüssel geben, abgedeckt in **5—6 Minuten** bei **700 Watt** erhitzen
2 Päckchen getrocknete **Pfifferlinge** **(etwa 10 g)**	hinzufügen, abgedeckt etwa 15 Minuten außerhalb des Gerätes quellen lassen
200 g Langkornreis **1 1/2 Teel. Körniger** **Instant-** **Hühnerbrühe**	mit zu den Pfifferlingen geben, abgedeckt etwa **5 Minuten** bei **700 Watt** garen, umrühren, abgedeckt weitere etwa **10 Minuten** bei **450 Watt** garen, zwischendurch einmal umrühren, den Reis abgedeckt etwa 10 Minuten bei Zimmertemperatur stehenlassen
1 Eßl. Crème fraîche **Salz, Pfeffer**	unterrühren, mit würzen sollte der Reis etwas trocken sein, evtl. etwas Wasser unterrühren den Reis evtl nochmals **2—3 Minuten** bei **700 Watt** erhitzen
1 Eßl. gehackte **Petersilie**	unterrühren
Gesamt-Garzeit:	Etwa 23 Minuten.

Nudelauflauf
(Etwa 3 Portionen)

3 Scheiben gekochten Schinken	in Würfel schneiden
2–3 Tomaten	waschen, die Stengelansätze herausschneiden, die Tomaten in Scheiben schneiden
300 g gekochte Nudeln **50 g geraspelter Gouda-Käse**	die 4 Zutaten abwechselnd lagenweise in eine gut gefettete Auflaufform schichten, die unterste Schicht und die oberste Schicht sollte aus Nudeln bestehen jede Schicht mit
Salz, Pfeffer feingehackten Basilikumblättchen	bestreuen
250 ml (¹/₄ l) Milch	mit
3 Eiern geriebener Muskatnuß Paprika edelsüß 50 g geraspeltem Gouda-Käse	verschlagen, mit Salz, Pfeffer, kräftig würzen, über die Nudeln geben, mit bestreuen
Butter	in Flöckchen darauf setzen, die Form in den Mikrowellenherd setzen, offen etwa **7 Minuten** bei **700 Watt** und **16–17 Minuten** bei **450 Watt** garen
Gesamt-Garzeit:	23-24 Minuten den Nudelauflauf abgedeckt etwa 5 Minuten bei Zimmertemperatur stehenlassen.

Zucchini-Tomaten-Auflauf
(3–4 Portionen)

2 Eßl. Speiseöl	in einer Pfanne auf dem konventionellen Herd erhitzen
375 g Rindergehacktes	etwas zerpflücken, in die Pfanne geben, unter Rühren **2–3 Minuten** durchbraten lassen, dabei die Fleischklümpchen etwas zerdrücken, mit
Salz, Pfeffer gerebeltem Oregano gemahlenem Zimt	würzen
1 Gemüsezwiebel (etwa 300 g)	abziehen, würfeln, zu dem Gehackten geben, **1-2 Minuten** durchdünsten lassen
70 g Tomatenmark	

(aus der Dose)	unterrühren, mit Salz, Pfeffer abschmecken das Gehackte in eine Auflaufform geben
375 g Tomaten	waschen, abtrocknen, die Stengelansätze herausschneiden, die Tomaten in Scheiben schneiden
250 g Zucchini	waschen, abtrocknen, in Scheiben schneiden die beiden Zutaten abwechselnd schuppenförmig auf die Hackfleischmasse legen, abgedeckt etwa **8—9 Minuten** bei **700 Watt** garen
100 g saure Sahne	mit
1 Eßl. gehackten Basilikumblättchen	
1 Eßl. gehackter Petersilie	
1 Eßl. gehacktem Dill	verrühren, mit Salz, Pfeffer würzen, über das Gemüse geben
150 g Mozzarella-Käse	in Würfel schneiden, darüber verteilen, offen etwa **3¹/₂ Minuten** bei **700 Watt** garen, bis der Käse geschmolzen ist
Gesamt-Garzeit:	Etwa 17 Minuten.
Beilage:	Reis oder Nudeln.

Kartoffel-Zucchini-Auflauf
(Etwa 4 Portionen)

500 g Kartoffel	schälen, waschen, in dünne Scheiben schneiden oder hobeln
300 g Zucchini	waschen, die Stengelansätze abschneiden, die Zucchini in Scheiben schneiden eine flache Auflaufform mit
Butter	ausstreichen
1 Knoblauchzehe	abziehen, durchpressen, in der Form verteilen, die abgetropften Kartoffel- und Zucchinischeiben abwechselnd lagenweise einschichten, dabei jede Schicht mit
Salz, Pfeffer	bestreuen, die oberste Schicht sollte aus Kartoffeln bestehen
1 Becher (150 g) Crème fraîche	mit
1 Ei	verschlagen, mit Salz, Pfeffer,
geriebener Muskatnuß	würzen, über die Zutaten geben, mit
75 g geriebenem Emmentaler- oder Gouda-Käse	bestreuen, abgedeckt **26—30 Minuten** bei **700 Watt** garen kurz vor Beendigung der Garzeit den Auflauf in der Mitte mit einem Küchenmesser einstechen, um zu prüfen, ob er gar ist.

107

Feine schnelle Saucen und dottergelbe Eierspeisen

Tips:

Saucen, die mit Mehl oder Speisestärke gebunden werden, sollten mehrmals umgerührt werden, damit keine Klümpchen entstehen.

Ganze Eier in der Schale eignen sich nicht für das Garen im Mikrowellen-Gerät; die Schale könnte platzen.

Tomaten-Sauce

(Etwa 3 Portionen — Foto S. 108/109)

1 Zwiebel	
1 Knoblauchzehe	beide Zutaten abziehen, fein würfeln
75 g durchwach-senen Speck	in Würfel schneiden die 3 Zutaten mit
2 Eßl. Olivenöl	in eine Glas- oder Porzellan-Schüssel geben, abgedeckt etwa **3 Minuten** bei **700 Watt** garen
500 g passierte Tomaten (italien. Erzeugnis im Blockpack)	hinzufügen, mit
knapp 125 ml ($^1/_8$ l) Instant-Fleischbrühe	verrühren, mit
Salz	
Pfeffer	
gerebeltem Basilikum	würzen, etwa **7 Minuten** bei **700 Watt** erhitzen, nochmals mit Salz, Pfeffer abschmecken
Gesamt-Garzeit:	Etwa 10 Minuten.
Tip:	Tomaten-Sauce zu Nudeln reichen.

Emmentaler Käse-Sauce

(Etwa 4 Portionen)

1 gehäuften Teel. Speisestärke	mit
3 Eßl. Weißwein	in einer Glas- oder Porzellan-Schüssel anrühren
2 Eigelb	mit
200 ml ($^1/_5$ l) Instant-Fleischbrühe	
150 g saurer Sahne	unterschlagen
75—100 g geriebenen Emmentaler Käse	hinzufügen, abgedeckt **5—7 Minuten** bei **700 Watt** erhitzen, zwischendurch zweimal mit einem Schnee-besen umrühren die Sauce mit
Salz	
Pfeffer	
geriebener Muskatnuß	abschmecken.
Tip:	Emmentaler Käse-Sauce zu gekochten Eiern, gedünstetem Fenchel oder Staudensellerie oder zu Nudelauflauf reichen.

Zucchini-Cremesauce
(Etwa 3 Portionen)

300 g Zucchini	waschen, die Stielansätze abschneiden, die Zucchini längs halbieren, in dünne Scheiben schneiden, mit
3 Eßl. Olivenöl	in eine Glas- oder Porzellan-Schüssel geben
2 Knoblauchzehen	abziehen, durchpressen, hinzufügen, mit
Salz	
frisch gemahlenem weißem Pfeffer	
gerebeltem Thymian	
gemahlenem Rosmarin	würzen, abgedeckt etwa **4 Minuten** bei **700 Watt** garen
40 g Gorgonzola-Käse	
75 g Frischkäse	beide Zutaten mit einer Gabel zerdrücken
I Becher (150 g) Crème fraîche	unterrühren, zu den Zucchinistreifen geben, vorsichtig unterrühren abgedeckt etwa **5 Minuten** bei **700 Watt** erhitzen, zwischendurch einmal umrühren
2 Eßl. gehackten Dill	unterrühren, die Sauce evtl. mit Salz, Pfeffer abschmecken
Gesamt-Garzeit:	Etwa 9 Minuten.
Tip:	Zucchini-Cremesauce zu Nudeln oder Steaks reichen.

Brombeer-Orangen-Sauce
(Etwa 6 Portionen)

2 Teel. Speisestärke	mit
125 ml (^{1}/8 l) Orangensaft	anrühren
75 ml Portwein	
2—3 Teel. Zucker	hinzufügen, verrühren, abgedeckt in **3—4 Minuten** bei **700 Watt** zum Kochen bringen, durchrühren, mit
gemahlenem Ingwer	abschmecken
250 g Brombeeren	verlesen, vorsichtig waschen, hinzufügen, abgedeckt **2^1/2—3 Minuten** bei **700 Watt** garen, vorsichtig umrühren, mit gemahlenem Ingwer,
Zucker	abschmecken, erkalten lassen.
Tip:	Brombeer-Orangen-Sauce zu Geflügelleber-Mousse, zu kaltem Wild- oder Rindfleisch reichen.

Würzige Pflaumen-Sauce
(2—3 Portionen — Foto S. 113)

200 g entsteinte, getrocknete Pflaumen	mit
300 ml Rotwein	übergießen, über Nacht einweichen, in einer Glas- oder Porzellan-Schüssel abgedeckt **3—4 Minuten** bei **700 Watt** garen, pürieren
2 Teel. Rotwein-Essig	und so viel
Rotwein	unterrühren, bis eine dickliche Sauce entstanden ist die Sauce mit
Pfeffer	
gemahlenem Ingwer	abschmecken.
Tip:	Pflaumen-Sauce zu Pasteten, Terrinen, kaltem Fleisch reichen.

Thunfisch-Sauce
(2—3 Portionen)

1-2 Knoblauchzehen	
1 Zwiebel	beide Zutaten abziehen, die Zwiebel würfeln, die Knoblauchzehen durchpressen
1 Möhre (etwa 80 g)	putzen, schrappen
1 Stück Sellerie (etwa 80 g)	schälen beide Zutaten waschen, grob raspeln, die 4 Zutaten mit
3 Eßl. Olivenöl	in eine Schüssel geben, abgedeckt etwa **5 Minuten** bei **700 Watt** garen
etwa 155 g Thunfisch (aus der Dose)	abtropfen lassen, etwas zerpflücken, mit
140 g Tomatenmark (aus der Dose)	
250 ml (¹/₄ l) Instant-Fleischbrühe	
1 Teel. gehackten Kapern	
1 Teel. zerdrücktem, grünem Pfeffer	zu dem Gemüse geben, verrühren, mit
Salz, Pfeffer	
gerebeltem Basilikum	würzen, abgedeckt etwa **4—5 Minuten** bei **700 Watt** erhitzen; nochmals mit Salz, Pfeffer, Basilikum abschmecken
Gesamt-Garzeit:	Etwa 10 Minuten.
Tip:	Thunfisch-Sauce zu Nudeln oder Reis reichen.

Vanille-Sahne-Sauce
(3–4 Portionen – Foto S. 115)

1 Päckchen Soßenpulver Vanille-Geschmack	mit
2 schwach gehäuften Eßl. Zucker	
4–6 Eßl. kalter Milch	in einer großen Glas- oder Porzellan-Schüssel anrühren
1 Ei	mit
500 ml (¹/₂ l) Milch	
125 ml (¹/₈ l) Schlagsahne	hinzufügen, gut durchrühren, abgedeckt **6–8 Minuten** bei **700 Watt** garen, zwischenduch zwei- bis dreimal umrühren.
Tip:	Vanille-Sahne-Sauce warm oder kalt zu Pudding oder Kompott servieren.

Weiße Schokoladen-Sauce
(3–4 Portionen – Foto Titel-Rückseite)

100 g Weiße Schokolade	in kleine Stücke brechen, mit
125 ml (¹/₈ l) Schlagsahne	in eine Glas- oder Porzellan-Schüssel geben, offen etwa **3 Minuten** bei **450 Watt** erhitzen, mit einem Schneebesen umrühren, erkalten lassen, zwischendurch umrühren.
Tip:	Weiße Schokoladen-Sauce zu Mousse au chocolat, Fruchtsalat oder Eis reichen.

Sauerkirsch-Sauce
(Etwa 4 Portionen)

500 g Sauerkirschen	waschen, entstielen, entsteinen, mit
50 g Zucker	
1 Stück Stangenzimt	in einer Glasschüssel abgedeckt etwa **5 Minuten** bei **700 Wa** garen, die Kirschen zwischendurch einmal umrühren
1 gehäuften Teel. Speisestärke	mit
1–2 Eßl. kaltem Wasser	anrühren, in den Fruchtsaft rühren, abgedeckt **1–2 Minuten** bei **700 Watt** weitergaren
Gesamt-Garzeit:	Etwa 6 Minuten.

Schokoladen-Sauce
(2−3 Portionen − Foto S. 117)

100 g halbbittere Schokolade	mit
5 Eßl. Wasser	in eine Glas- oder Porzellan-Schüssel geben, abgedeckt etwa **1 1/2 Minuten** bei **450 Watt** erhitzen, mit einem Schneebesen durchrühren, offen weitere **1/2−1 Minute** bei **450 Watt** einkochen lassen
Gesamt-Garzeit:	Etwa 2 1/2 Minuten.
Tip:	Schokoladen-Sauce zu Zitronenschaum-Creme reichen.

Pikante Kräuter-Cremesauce
(Etwa 3 Portionen)

1−2 Schalotten	abziehen, fein würfeln, mit
1 Eßl. Butter	in eine Glas- oder Porzellan-Schüssel geben, abgedeckt etwa **3 Minuten** bei **700 Watt** dünsten
100 ml trockenen Weißwein	mit
1 Becher (150 g) Crème fraîche	
2 Eßl. Sherry medium Salz, Pfeffer, Zucker	unterrühren, mit
Worcestershiresauce	würzen, offen etwa **5 Minuten** bei **700 Watt** erhitzen, zwischendurch einmal umrühren
2 Eßl. gemischte, gehackte Kräuter	unter die Sauce rühren
Gesamt-Garzeit:	Etwa 8 Minuten.
Tip:	Pikante Kräuter-Cremesauce zu Lammfilet in Gemüse-sud oder zu Staeks reichen.

Eierstich

2 Eier	mit
125 ml (1/8 l) Milch, Salz	
geriebener Muskatnuß	verschlagen, in eine gefettete Glas- oder Porzellan-Schüssel geben, abgedeckt etwa **8 Minuten** bei **450 Watt** garen den Eierstich kurze Zeit bei Zimmertemperatur stehen-lassen, stürzen, in Würfel schneiden.

Ei im Näpfchen

(1 Portion – Foto S. 119)

¹/₂ Scheibe gekochten Schinken	in Würfel schneiden, mit
1 Teel. gehackter Petersilie	
¹/₂ Eßl. geriebenem Gouda-Käse	verrühren, in ein kleines, gefettetes Ragout-fin-Förmchen geben
1 Ei	darauf schlagen, mit
¹/₂ Eßl. geriebenem Gouda-Käse	bestreuen
Butter	in Flöckchen darauf setzen, offen etwa **1¹/₂ Minuten** bei **450 Watt** garen.
Tip:	Ei im Näpfchen zum Frühstück oder als kleine Abendmahlzeit reichen.

Tomaten-Eier-Schüssel

(Etwa 3 Portionen – in einer Keramik-Bratschüssel)

2 kleine Zwiebeln	abziehen, würfeln, mit
1 Eßl. Butter	in eine Keramik-Backschüssel geben, abgedeckt etwa **2 Minuten** bei **700 Watt** garen
100 g gekochten Schinken	in Würfel schneiden, auf die Zwiebelwürfel geben
6 mittelgroße Tomaten	waschen, halbieren, mit der Schnittfläche nach unten in die Schüssel legen, abgedeckt etwa **2 Minuten** bei **700 Watt** garen
6 Eier	mit
3 Eßl. Milch	verschlagen
1–2 Eßl. feingeschnittenen Schnittlauch	
1 Eßl. gehackte Basilikumblättchen	hinzufügen, mit
Salz, Zucker weißem Pfeffer geriebener Muskatnuß	würzen, über die Tomaten gießen
50–75 g geriebenen Käse	über die Tomaten streuen, abgedeckt **10–12 Minuten** bei **450 Watt** garen
Gesamt-Garzeit:	14–16 Minuten.

Rühreier mit Frühlingszwiebeln

(Etwa 2 Portionen – Foto S. 121)

150 g Frühlings-zwiebeln	putzen, waschen, die Zwiebel würfeln, das Grün in Ringe schneiden, mit
1 Eßl. Butter	in eine flache Glas- oder Porzellan-Form geben, abgedeckt etwa **3 Minuten** bei **700 Watt** garen
4 Eier	mit
2 Eßl. Wasser	verschlagen, mit
Salz	
Pfeffer	
geriebener Muskatnuß	würzen, über die Frühlingszwiebeln gießen, offen etwa **4 Minuten** bei **450 Watt** garen, das Rührei mehrmals mit einem Löffel zusammenschieben
Gesamt-Garzeit:	Etwa 7 Minuten.

Rühreier Savoyer Art

(Etwa 3 Portionen)

50 g durchwach-senen Speck	in Streifen schneiden
1 rote und grüne Paprikaschote	halbieren, entstielen, entkernen, die weißen Scheidewände entfernen, die Schoten waschen, in Streifen schneiden, mit den Speckstreifen in eine große, flache Glas- oder Keramikform geben, mit
Salz, Pfeffer	würzen, abgedeckt etwa **5 Minuten** bei **700 Watt** garen, umrühren, abgedeckt weitere etwa **5 Minuten** bei **450 Watt** garen
125 g gekochte Kartoffeln oder gekochte Nudeln	in Würfel oder kleine Stücke schneiden, zu dem Speck-Gemüse geben
6 Eier	mit
1 Eßl. gehacktem Dill	verschlagen, mit Salz, Pfeffer,
geriebener Muskatnuß	würzen
125 g Butterkäse	in Würfel schneiden, unter die verschlagenen Eier rühren die Masse über die Zutaten in der Form geben, abgedeckt etwa **8 Minuten** bei **450 Watt** garen, zwischendurch zweimal vorsichtig umrühren
Gesamt-Garzeit:	Etwa 18 Minuten.

Heiße Getränke und aromatische Konfitüren

Tips:

Für die Erhitzung von Getränken auf die gewünschte Temperatur ist die Verwendung des Temperaturfühlers empfehlenswert.

Für die Zubereitung von Konfitüren/Marmeladen im Mikrowellen-Gerät immer hohe, weite Formen verwenden, da die Fruchtmasse während des Garens hochsteigt. Die Rezeptmengen sind jeweils für ein Glas berechnet.

Orangen-Punsch
(1 Portion — Foto S. 122/123)

100 ml Rotwein mit
50 ml Wasser
50 ml Orangensaft
3—4 Eßl. Curaçao in ein Glas geben, offen etwa **1 1/2 Minuten** bei
700 Watt erhitzen, sofort servieren.

Autofahrer-Punsch
(3—4 Portionen — Foto S. 122/123)

500 ml (1/2 l) Wasser in eine Glas- oder Porzellan-Schüssel geben, abgedeckt
in **4—5 Minuten** bei **700 Watt** zum Kochen bringen

1 1/2—2 Eßl.
schwarzen Tee hineingeben, außerhalb des Gerätes etwa 3 Minuten
ziehenlassen, den Tee abgießen

je 1 Messerspitze
gemahlenen Zimt
gemahlenen Piment
gemahlene Muskatblüte mit
250 ml (1/4 l) frischge-
preßtem Apfelsinensaft
2 Eßl. Himbeer-Sirup
3 Eßl. Zitronensaft
50—60 g Zucker hinzufügen, verrühren, den Temperaturfühler schräg
in die Schüssel stellen, die Kerntemperatur von
6 Grad und **700 Watt** einstellen, offen erhitzen
Zubereitungszeit: Etwa 6 Minuten.

Portwein-Punsch
(2 Portionen — Foto S. 122/123)

375 ml (3/8 l) Portwein mit
250 ml (1/4 l) Wasser
3 Teel. Zucker
Schale von 1/2 Zitrone
(unbehandelt)
1 Eßl. Zitronensaft
1 Teel. Muskatblüte
(ganz)
1 Stück Stangenzimt in einen Keramiktopf geben, offen **6—7 Minuten** bei
700 Watt erhitzen, dann 3—5 Minuten bei Zimmer-
temperatur stehenlassen, die Gewürze entfernen.

Gewürz-Grog
(1 Portion — Foto S. 122/123)

knapp 125 ml (¹/₈ l) Wasser	mit
1 Eßl. Zitronensaft	
1 Gewürznelke	
1 Stück Stangenzimt	
1—2 Teel. Zucker	
1 Stück Zitronenschale (unbehandelt)	
50 ml Rum	in ein Glas geben, den Glasstab hineinstellen, offen etwa **2 Minuten** bei **700 Watt** erhitzen, umrühren, sofort servieren.

Irish Coffee

125 ml (¹/₈ l) Kaffee	in ein Glas geben, den Temperaturfühler hineinstellen (s. S. 14), die Kerntemperatur von **65 Grad** und **700 Watt** einstellen, offen erhitzen
Erhitzungszeit:	Etwa 1 Minute
1—2 Teel. braunen Zucker	mit
2—3 Eßl. Whisky	hinzufügen, nochmals auf **65 Grad** erhitzen (in etwa **20 Sekunden**)
2 Eßl. halbsteifgeschlagene Sahne	darauf geben, sofort servieren.

Cafe Capriccio

125 ml (¹/₈ l) Kaffee	mit
2 Eßl. Cointreau oder Curaçao	in eine Tasse geben, den Temperaturfühler hineinstellen, die Kerntemperatur von **65 Grad** und **700 Watt** einstellen, offen erhitzen
Erhitzungszeit:	Etwa 1 Minute
1 gehäuften Eßl. geschlagene Sahne (mit Vanillin-Zucker gesüßt)	darauf geben, sofort servieren.

Rotwein-Punsch
(2—3 Portionen — Foto S. 127)

125 ml (¹/₈ l) Wasser	mit der
Schale von ¹/₂ Orange	
(unbehandelt)	
2 Pimentkörnern	
2 Nelken	
1 Stück Stangenzimt	
1¹/₂—2 Eßl. Zucker	in ein Glas- oder Porzellan-Gefäß geben, offen etwa **5 Minuten** bei **450 Watt** zum Kochen bringen, die Gewürze herausnehmen
375 ml (³/₈ l) Rotwein	mit
2—3 Eßl. Rum	hinzugießen, abgedeckt **3—5 Minuten** bei **700 Watt** erhitzen
Gesamt-Erhitzungszeit:	8—10 Minuten.

Teepunsch
(Etwa 4 Portionen — Foto S. 127)

500 ml (¹/₂ l)	
schwarzen Tee	mit
500 ml (¹/₂ l) Rotwein	
Saft von 2 Orangen	
100 ml Rum	
75 g Zucker, 3 Nelken	
1 Stück Stangenzimt	in ein Glas- oder Porzellan-Gefäß geben, offen etwa **7 Minuten** bei **700 Watt** erhitzen den Teepunsch außerhalb des Gerätes 2—3 Minuten stehenlassen, evtl. die Gewürze herausnehmen, den Teepunsch sofort servieren.

Whisky-Punsch
(1 Portion — Foto S. 127)

1 Orangenscheibe	schälen, halbieren, mit
125 ml (¹/₈ l) Wasser	
5 Eßl. Whisky	
2—3 Eßl. Orangensaft	
1 Teel. Rosinen	
1 Zitronenscheibe	
1—2 Teel. Kandisfarin	in ein Glas geben, offen etwa **1¹/₂ Minuten** bei **700 Watt** erhitzen, sofort servieren.

Kaffee Amsterdam
(1 Portion — Foto S. 129)

125 ml (¹/8 l) Kaffee	mit
3 Eßl. Eierlikör	in eine Tasse geben, den Temperaturfühler hinein-stellen, die Kerntemperatur von **65 Grad** und **700 Watt** einstellen, offen etwa **1 Minute** erhitzen
1 gehäuften Eßl. geschlagene Sahne	darauf geben, mit
gesiebtem Kakao gemahlenem Kaffee	bestäuben, sofort servieren.

Mexikanische Schokolade
(2—3 Portionen — Foto S. 129)

100 g Vollmilch-Schokolade	in kleine Stücke brechen, in eine Glasschüssel geben
4 Eßl. Schlagsahne	mit
1 Päckchen Vanillin-Zucker	
1 Teel. gemahlenem Zimt	hinzufügen, abgedeckt etwa **2 Minuten** bei **450 Watt** schmelzen lassen, mit einem Schneebesen gut verrühren
2 Eßl. Kakaopulver	unterrühren
250 ml (¹/4 l) Milch	hinzugießen, abgedeckt etwa **6 Minuten** bei **700 Watt** erhitzen, gut durchschlagen
2 Eigelb	mit
1 Eßl. Zucker	cremig schlagen, mit
4 Eßl. Weinbrand	unter die Schokoladen-Milch schlagen, abgedeckt etwa **1 Minute** bei **700 Watt** erhitzen, in Tassen füllen
Gesamt-Garzeit:	Etwa 9 Minuten.

Pharisäer
(1 Portion)

125 ml (¹/8 l) starken Kaffee	mit
3 Stück Würfelzucker	
2 Eßl. Rum (54%ig)	in eine Tasse geben, den Temperaturfühler hineinstellen, die Kerntemperatur von **65 Grad** und **700 Watt** einstellen, offen in etwa **1 Minute** erhitzen
1 Eßl. geschlagene Sahne	als Häufchen auf den Kaffee setzen, sofort servieren.

Schokolade
(3–4 Portionen)

125 ml (¹/₈ l) Wasser	in eine Porzellan- oder Keramik-Topf geben
100 g halbbittere Schokolade	in kleine Stücke brechen, in das Wasser geben, abgedeckt in etwa **3 Minuten** bei **700 Watt** erhitzen
500 ml (¹/₂ l) Milch	mit
125 ml (¹/₈ l) Schlagsahne	
1 Eßl. gesiebtem Kakao	mit einem Schneebesen unterschlagen, offen in etwa **5 Minuten** bei **700 Watt** erhitzen, zwischendurch einmal durchschlagen die heiße Schokolade auf Becher oder Tassen verteilen, je 1 Eßl. von
3–4 Eßl. geschlagener Sahne	darauf geben, mit
etwa 1 Teel. gesiebtem Kakao	bestäuben, sofort servieren
Gesamt-Erhitzungszeit:	Etwa 8 Minuten.
Tip:	Wenn die heiße Schokolade für Kinder zubereitet werden soll, ist es empfehlenswert, anstelle der halbbitteren Schokolade Vollmilch-Schokolade zu verwenden.

Apfelpunsch
(2 Portionen)

3–4 Eßl. Calvados	mit
250 ml (¹/₄ l) Apfelsaft	
125 ml (¹/₈ l) schwarzem Tee	verrühren, auf 2 Gläser verteilen
1–2 Eßl. Zitronensaft	mit
2 Teel. Zucker	
2 kleinen Stücken Stangenzimt	
2 Nelken	
2 Stück Zitronenschale (unbehandelt)	auf die 2 Gläser verteilen, die Gläser in das Mikrowellen-Gerät stellen, offen etwa **3¹/₂ Minuten** bei **700 Watt** erhitzen.
Beigabe:	Honiggebäck.

Mango-Konfitüre

300 g Mango-Fruchtfleisch (von 1–2 Füchten)	in kleine Stücke schneiden, mit
4 Eßl. Weißwein	
2 Eßl. Zitronensaft	
150 g Extra-Gelierzucker	in eine weite, hohe Glasschüssel geben, (die Schüssel darf nur bis zu 1/3 gefüllt sein) abgedeckt etwa **7 Minuten** bei **700 Watt** garen das Fruchtfleisch nach der 3. und der 5. Minute umrühren zum Schluß nach Belieben
1 Eßl. Weinbrand	unterrühren die Konfitüre kochendheiß randvoll in ein gut gesäubertes Glas mit Twist-off-Deckel füllen, sofort verschließen, umdrehen, etwa 5 Minuten auf dem Deckel stehenlassen
Gesamt-Garzeit:	Etwa 7 Minuten das Glas mit einem Schildchen mit der Bezeichnung des Eingemachten versehen, kühl (Keller) aufbewahren.

Feigen-Konfitüre

	Von
3 blauen Feigen (etwa 300 g)	die Schale abziehen, die Früchte in kleine Stücke schneiden (250 g), mit
250 g Gelierzucker	in eine weite, hohe Glasschüssel geben (die Schüssel darf nur bis zu etwa 1/3 gefüllt sein), abgedeckt etwa **7 Minuten** bei **700 Watt** garen das Fruchtfleisch nach der 3. und der 5. Minute umrühren zum Schluß nach Belieben
3 Eßl. Orangen-Likör	
1 Eßl. Zitronensaft	unterrühren die Konfitüre kochendheiß randvoll in ein gut gesäubertes Glas mit Twist-off-Deckel füllen, sofort verschließen, umdrehen, etwa 5 Minuten auf dem Deckel stehenlassen
Gesamt-Garzeit:	Etwa 7 Minuten das Glas mit dem Schildchen mit der Bezeichnung des Eingemachten versehen, kühl (Keller) aufbewahren.

Johannisbeer-Konfitüre
(Foto S. 133)

250 g Johannisbeeren (vorbereitet gewogen — gewaschen, entstielt)	mit
250 g Gelierzucker	in eine weite, hohe Glasschüssel geben, (die Schüssel darf nur bis zu etwa ¹/₃ gefüllt sein) abgedeckt etwa **7 Minuten** bei **700 Watt** garen die Beeren nach der 3. und der 5. Minute umrühren zum Schluß
I Eßl. Obstler	unterrühren die Konfitüre kochendheiß randvoll in ein gut gesäubertes Glas mit Twist-off-Deckel füllen, sofort verschließen, umdrehen, etwa 5 Minuten auf dem Deckel stehenlassen
Gesamt-Garzeit:	Etwa 7 Minuten das Glas mit einem Schildchen mit der Bezeichnung des Eingemachten versehen, kühl (Keller) aufbewahren.

Aprikosen-Konfitüre
(Foto S. 133)

300 g Aprikosen (vorbereitet gewogen — gewaschen, entsteint) 3 aufgeknackten Aprikosenkernen 150 g Extra-Gelierzucker	mit
	in eine weite, hohe Glasschüssel geben (die Schüssel darf nur bis zu etwa ¹/₃ gefüllt sein), abgedeckt etwa **7 Minuten** bei **700 Watt** garen die Aprikosen nach der 3. und der 5. Minute umrühren zum Schluß
I Eßl. abgezogene, gehobelte Mandeln I Eßl. Mandel-Likör	unterrühren die Konfitüre kochendheiß randvoll in ein gut gesäubertes Glas mit Twist-off-Deckel füllen, sofort verschließen, umdrehen, etwa 5 Minuten auf dem Deckel stehenlassen
Gesamt-Garzeit:	Etwa 7 Minuten.

Kumquat-Orangen-Konfitüre
(Foto S. 135)

100 g Kumquat-Fruchtfleisch (vorbereitet gewogen)	mit
150 g Orangen-Fruchtfleisch (vorbereitet gewogen)	
250 g Gelierzucker	in eine weite, hohe Glasschüssel geben, (die Schüssel darf nur bis zu ¹/₃ gefüllt sein) abgedeckt etwa **7 Minuten** bei **700 Watt** garen das Fruchtfleisch nach der 3. und der 4. Minute umrühren, zum Schluß nach Belieben
1 Eßl. Orangen-Likör	unterrühren die Marmelade kochendheiß randvoll in ein gut gesäubertes Glas mit Twist-off-Deckel füllen, sofort verschließen, umdrehen, etwa 5 Minuten auf dem Deckel stehenlassen
Gesamt-Garzeit:	Etwa 7 Minuten das Glas mit einem Schildchen mit der Bezeichnung des Eingemachten versehen, kühl (Keller) aufbewahren.

Himbeer-Konfitüre

300 g Himbeeren (vorbereitet gewogen — entstielt, verlesen)	mit
150 g Extra-Gelierzucker	in eine weite, hohe Glasschüssel geben (die Schüssel darf nur bis zu etwa ¹/₃ gefüllt sein), abgedeckt etwa **7 Minuten** bei **700 Watt** garen die Beeren nach der 3. und der 5. Minute umrühren zum Schluß
1 Eßl. Weinbrand	unterrühren die Konfitüre kochendheiß randvoll in ein gut gesäubertes Glas mit Twist-off-Deckel füllen, sofort verschließen, umdrehen, etwa 5 Minuten auf dem Deckel stehenlassen
Gesamt-Garzeit:	Etwa 7 Minuten das Glas mit einem Schildchen mit der Bezeichnung des Eingemachten versehen, kühl (Keller) aufbewahren.

Sauerkirsch-Konfitüre

250 g Sauerkirschen (vorbereitet ge- wogen — gewaschen, entsteint) 275 g Gelierzucker	mit
	in eine weite, hohe Glasschüssel geben (die Schüssel darf nur bis zu ¹/₃ gefüllt sein), abgedeckt etwa **7 Minuten** bei **700 Watt** garen die Kirschen nach der 3. und der 5. Minute umrühren zum Schluß
1 Eßl. Rum oder Kirschwasser	unterrühren die Konfitüre kochendheiß randvoll in ein gut gesäubertes Glas mit einem Twist-off-Deckel füllen, sofort verschließen, umdrehen, etwa 5 Minuten auf dem Deckel stehenlassen
Gesamt-Garzeit:	Etwa 7 Minuten das Glas mit einem Schildchen mit der Bezeichnung des Eingemachten versehen, kühl (Keller) aufbewahren.

Aprikosen-Grapefruit-Konfitüre

150 g entsteinte Aprikosen 150 g Grapefruit- Fleisch (von 1 großen Frucht)	beide Zutaten in Stücke schneiden, mit
150 g Extra- Gelierzucker	in eine weite, hohe Glasschüssel geben (die Schüssel darf nur bis zu etwa ¹/₃ gefüllt sein), verrühren, abgedeckt etwa **7 Minuten** bei **700 Watt** garen die Früchte nach der 3. und der 5. Minute umrühren zum Schluß nach Belieben
1 Eßl. Cream Sherry	unterrühren die Konfitüre kochendheiß randvoll in ein gut gesäuber- tes Glas mit einem Twist-off-Deckel füllen, sofort verschließen, umdrehen, etwa 5 Minuten auf dem Deckel stehenlassen
Gesamt-Garzeit:	Etwa 7 Minuten das Glas mit einem Schildchen mit der Bezeichnung des Eingemachten versehen, kühl (Keller) aufbewahren.

Apfel-Gelee

300 ml Apfelsaft mit
150 g Extra-
Gelierzucker
3–4 Eßl. Himbeersaft
1 kleinen Stück
Stangenzimt
2 Nelken in eine große, hohe Glasschüssel geben, (die Schüssel darf
nur bis zu 1/3 gefüllt sein) abgedeckt etwa **7 Minuten**
bei **700 Watt** garen
den Saft nach der 3. und der 5. Minute umrühren
zum Schluß
1 Eßl. Zitronensaft und nach Belieben
1 Eßl. Calvados unterrühren, das Apfel-Gelee kochendheiß randvoll in ein
gut gesäubertes Glas mit Twist-off-Deckel füllen, sofort
verschließen, umdrehen, etwa 5 Minuten auf dem Deckel
stehenlassen
Gesamt-Garzeit: Etwa 7 Minuten
das Glas mit einem Schildchen mit der Bezeichnung
des Eingemachten versehen, kühl (Keller) aufbewahren.

Weintrauben-Kiwi-Konfitüre

150 g Kiwi-Frucht-
fleisch in Stücke schneiden
150 g kleine, möglichst
kernlose Weintrauben waschen, oder andere Weintrauben waschen, halbieren,
entkernen, beide Zutaten mit
150 g Extra-
Gelierzucker in eine weite, hohe Glasschüssel geben, verrühren
(die Schüssel darf nur bis zu etwa 1/3 gefüllt sein),
abgedeckt etwa **6 Minuten** bei **700 Watt** garen
die Früchte nach der 3. und der 5. Minute umrühren
nach Belieben zum Schluß
1 Eßl. Curaçao oder
Eßl. Rum unterrühren
die Konfitüre kochendheiß randvoll in ein gut gesäubertes Glas mit Twist-off-Deckel füllen, sofort verschließen, umdrehen, etwa 5 Minuten auf dem Deckel
stehenlassen
Gesamt-Garzeit: Etwa 6 Minuten
das Glas mit einem Schildchen mit der Bezeichnung des
Eingemachten versehen, kühl (Keller) aufbewahren.

Locker –
duftige
Desserts

Tips:

Für die Zubereitung
von Puddingen möglichst
hohe Schüsseln verwen-
den, damit die Flüssig-
keit (Milch) nicht
überlaufen kann.

Süße Speisen mit Grieß,
Reis, Sago, Speise-
stärke oder Pudding-
pulver während des
Garens mehrmals um-
rühren, damit sich keine
Klümpchen bilden.

Aprikosen-Wein-Gelee

(Etwa 4 Portionen — Foto S. 138/139)

2 Päckchen Gelatine gemahlen, weiß	mit
6 Eßl. kaltem Wasser	in einem kleinen Topf anrühren, 10 Minuten zum Quellen stehenlassen
250 g getrocknete Aprikosen	in kleine Stücke schneiden, mit
500 ml (¹/₂ l) Wasser **50 g Zucker** **1 Päckchen Vanillin-Zucker**	in eine Glas- oder Porzellan-Schüssel geben, abgedeckt **7—8 Minuten** bei **700 Watt** garen, zwischendurch ein- bis zweimal umrühren, die gequollene Gelatine in das heiße Aprikosen-Kompott rühren
4—5 Eßl. Zitronensaft **375 ml (³/₈ l) Weißwein** **kaltem Wasser**	hinzugießen, die Aprikosen-Wein-Flüssigkeit in eine mit ausgespülte Ringform (Frankfurter Kranz- oder Keramik-Form) gießen, im Kühlschrank erstarren lassen, die Form kurz in heißes Wasser tauchen, das Gelee mit einem Messer vom Rand der Form lösen, auf eine Platte stürzen
250 ml (¹/₄ l) Schlagsahne **1 Päckchen Vanillin-Zucker**	steif schlagen, in die Mitte des Wein-Gelee-Kranzes geben, mit
20 g gehackten Pistazienkernen	bestreuen.
Tip:	Das Aprikosen-Wein-Gelee nach Belieben in kalt ausgespülte Portionsschälchen füllen, erstarren lassen, stürzen, die Portionen mit geschlagener Sahne garnieren.

Mirabellen-Kompott

(Etwa 3 Portionen — Foto S. 141)

500 g Mirabellen **1 Eßl. Zucker** **¹/₂ Päckchen Vanillin-Zucker** **2 Eßl. Zitronensaft**	waschen, entsteinen, mit in eine Glas- oder Porzellan-Schüssel geben darüber verteilen, abgedeckt **3—4 Minuten** bei **700 Watt** garen, zwischendurch ein- bis zweimal umrühren.

Dampfnudeln
(Etwa 3 Portionen — Foto S. 143)

	Für den Teig
375 g Weizenmehl	in eine Schüssel sieben, mit
1 Päckchen Trocken-Backhefe	sorgfältig vermischen
50 g Zucker	
Salz, 1 Ei	
75 g zerlassene Butter	
150 ml lauwarme Milch	hinzufügen, die Zutaten mit einem elektrischen Handrührgerät mit Knethaken zunächst auf niedrigster, dann auf höchster Stufe in etwa 5 Minuten zu einem Teig verarbeiten, sollte er kleben, noch etwas Mehl hinzufügen (aber nicht zu viel, Teig muß weich bleiben) den Teig so lange an einem warmen Ort stehenlassen, bis er sich sichtbar vergrößert hat, ihn dann auf höchster Stufe nochmals gut durchkneten den gegangenen Teig zu einer Rolle formen, in gleichmäßige Stücke schneiden, zu Kugeln formen die Teigkugeln nicht zu dicht nebeneinander in eine Keramik-Backschüssel setzen
1 Eßl. weiche Butter knapp 125 ml (^{1}/$_8$ l) Milch	mit
1 Eßl. Zucker	vermischen, in die Schüssel geben die Teigkugeln nochmals gehenlassen, bis sie sich sichtbar vergrößert haben die Schüssel mit einer gewölbten Glas- oder Schüssel abgedeckt in das Mikrowellen-Gerät setzen, etwa **5 Minuten** bei **700 Watt** garen.
Beigabe:	Heißes Pflaumen-Kompott und Vanille-Sahne-Sauce.

Heißes Pflaumen-Kompott
(Etwa 3 Portionen — Foto S. 143)

750 g Pflaumen	waschen, halbieren, entsteinen, mit
2 Eßl. Zucker	
30 g Butter	
1 Stück Stangenzimt	in eine Glas- oder Porzellan-Schüssel geben, abgedeckt etwa **6 Minuten** bei **700 Watt** garen, zwischendurch zweimal umrühren, mit
Zucker	abschmecken.
Tip:	Heißes Pflaumen-Kompott zu Dampfnudeln reichen.

Vanille-Reisring mit Aprikosen

(Etwa 4 Portionen — Foto S. 145)

750 ml (³/₄ l) Milch	in eine Glas- oder Porzellan-Schüssel geben
Mark aus	
1 Vanillestange	mit
50 g Zucker	
175 g Rundkornreis	in die Milch rühren, abgedeckt etwa **8 Minuten** bei **700 Watt** garen, zwischendurch einmal umrühren, abgedeckt weitere **25—28 Minuten** bei **150 Watt** garen
2 schwach gehäufte Teel. Gelatine gemahlen, weiß	mit
2 Eßl. kaltem Wasser	in einer kleinen Glasschüssel anrühren, 10 Minuten zum Quellen stehenlassen offen in etwa **3 Minuten** bei **150 Watt** auflösen, in den heißen Reis rühren den Reis erkalten lassen, ab und zu durchrühren
250 ml ¹/₄ l) Schlagsahne	steif schlagen, unter den lauwarmen Reis heben, den Reis in eine mit kaltem Wasser ausgespülte Ringform geben, im Kühlschrank erstarren lassen
	für das Aprikosen-Kompott
500 g Aprikosen	waschen, abtropfen lassen, halbieren, entsteinen, mit
60—75 g Zucker	
4 Eßl. Weißwein oder Aprikosen-Likör	
1 Stück Stangenzimt	in eine Glas- oder Porzellan-Schüssel geben, in **3—4 Minuten** bei **700 Watt** garen, zwischendurch ein- bis zweimal vorsichtig umrühren, erkalten lassen den Reisring auf eine Platte stürzen, mit dem Kompott füllen, mit
Zitronenmelisse-blättchen	garnieren, kühl servieren
Gesamt-Garzeit:	
für den Reis:	33—36 Minuten
für das Kompott:	3—4 Minuten.

Zitronenschaum-Creme

(Etwa 4 Portionen)

1 Päckchen Gelatine gemahlen, weiß	mit
5 Eßl. kaltem	

▶

Wasser	in einer kleinen Glasschüssel anrühren, 10 Minuten zum Quellen stehenlassen
125 ml (¹/₈ l) Wasser	in eine Glasschüssel geben, den Temperaturfühler schräg hineinstellen, die Kerntemperatur von **65 Grad** und **700 Watt** einstellen, offen erhitzen
Erhitzungszeit:	¹/₂−1 Minute
3 Eigelb	hinzufügen, mit dem elektrischen Handrührgerät mit Rührbesen auf höchster Stufe etwa 1 Minute schlagen nach und nach (in etwa 1 Minute)
75 g Zucker	hinzufügen, noch etwa ¹/₂ Minute schlagen
abgeriebene Schale von 1 Zitrone (unbehandelt)	
100−125 ml Zitronen-saft (von 3 Zitronen)	unterrühren die Gelatine in etwa **1 Minute** bei **450 Watt** auflösen, unter die Eigelbmasse rühren, kalt stellen, ab und zu umrühren sobald die Masse beginnt dicklich zu werden,
3 Eiweiß	steif schlagen, nach und nach
50 Zucker	unterschlagen, den Eierschnee unter die Creme heben, 2−3 Stunden kalt stellen
Gesamt-Erhitzungszeit:	1¹/₂−2 Minuten.
Beigabe:	Geschlagene Sahne oder Schokoladen-Sauce.

Milchreis
(Etwa 3 Portionen)

1 l kalte Milch	mit
1 Eßl. Butter	
1 gehäuften Eßl. Zucker	
Salz	
3 Stück Zitronen-schale (unbehandelt)	
220 g Rundkornreis	in eine Schüssel geben, verrühren, abgedeckt etwa **10 Minuten** bei **700 Watt** garen, zwischendurch zweimal umrühren etwa **35 Minuten** bei **150 Watt** weitergaren, zwischendurch dreimal umrühren
Gesamt-Garzeit:	Etwa 45 Minuten den garen Milchreis abgedeckt etwa 5 Minuten bei Zimmertemperatur stehenlassen, mit
gebräunter Butter Zucker-Zimt-Gemisch	servieren.

Schokoladen-Mandel-Pudding
(2—3 Portionen — in einer Keramik-Guglhupf-Form)

50 g Butter	geschmeidig rühren, nach und nach
50 g Zucker	
2 Eigelb	
50 g geriebene Schokolade	
25 g Semmelmehl	
50 g abgezogene, gemahlene Mandeln	
1 gestrichenen Teel. gesiebten Kakao	unterrühren
2 Eiweiß	steif schlagen, 1/3 des Eierschnees unterrühren, den Rest unterheben die Masse in eine gut gefettete, mit
Semmelmehl	ausgestreute Keramik-Zopf-Guglhupf-Form (Durchmesser etwa 16 cm) geben, glattstreichen, mit einem Teller abgedeckt etwa **4 Minuten** bei **700 Watt** garen.
Beigabe:	Vanille-Sahnesauce oder geschlagene Sahne mit Eierlikör.

Grieß-Speise
(Etwa 4 Portionen)

500 ml (¹/₂ l) Milch	in eine hohe Glas- oder Porzellan-Schüssel geben
40 g Zucker	mit
Mark von ¹/₂ Vanillestange	
Salz	
1 Eßl. Butter	
3 Eigelb	
40 g Grieß	unterrühren, abgedeckt etwa **6 Minuten** bei **700 Watt** garen, nach der 4. und 6. Minute umrühren, abgedeckt **7—8 Minuten** bei **150 Watt** weitergaren
3 Eiweiß	steif schlagen, unter die gare Grieß-Speise heben, die Masse in eine mit kaltem Wasser abgespülte Form geben die erkaltete Speise stürzen
Gesamt-Garzeit:	13—14 Minuten.
Vanille:	Kapselfrucht einer kletternden Orchideenart. Beliebtes Gewürz für Süßspeisen und Backwaren. Heimat: das tropische Amerika.

Feine Vanillecreme

(Etwa 4 Portionen — Foto S. 149)

1 Päckchen feines Vanille-Puddingpulver 2 Eßl. Zucker 6 Eßl. kalter Milch	mit in einer Glas- oder Porzellan-Schüssel anrühren
2 Eigelb	unterrühren
500 ml (¹/₂ l) Milch 125 ml (¹/₈ l) Schlagsahne	hinzugießen, abgedeckt **7—8 Minuten** bei **700 Watt** garen, zwischendurch zwei- bis dreimal mit einem Schneebesen durchrühren
2 Eiweiß	steif schlagen, unterheben die feine Vanillecreme in Portionsschälchen füllen, warm oder kalt servieren, mit
Pfirsichspalten geschlagener Sahne Schokoladen-Sauce	garnieren, nach Belieben etwas über die Portionen geben.

Leichte Mousse au chocolat

(Etwa 6 Portionen — Foto Titel-Rückseite)

200 g halbbittere Kuvertüre 100 g Vollmilch-Kuvertüre	sehr dünn schneiden, in eine Glas- oder Porzellan-Schüssel geben, offen etwa **4 Minuten** bei **450 Watt** schmelzen, durchrühren, in kaltes Wasserbad stellen, abkühlen lassen
7 Eiweiß von 7 großen Eiern oder 8 Eiweiß von 8 kleinen Eiern	steif schlagen
250 ml (¹/₄ l) Schlagsahne	etwa ¹/₂ Minute schlagen
1 Päckchen Sahnesteif	einstreuen, die Sahne steif schlagen, die geschmolzene Kuvertüre auf den Eierschnee geben, vorsichtig unterheben, dann die steifgeschlagene Sahne unterziehen die Mousse in eine Glasschüssel füllen, mehrere Stunden kalt stellen.
Beigabe:	Weiße Schokoladen-Sauce, S. 114.

Semmelpudding
(3–4 Portionen)

5 alte Brötchen (vom Vortage)	in dünne Scheiben schneiden
375 ml (³/₈ l) Milch	in eine Glas- oder Porzellan-Schüssel geben, offen in **4–5 Minuten** bei **700 Watt** erhitzen, über die Brötchenscheiben gießen
75 g weiche Butter	cremig rühren, nach und nach
2 gehäufte Eßl. Zucker	
1 Päckchen Vanillin-Zucker	
abgeriebene Schale von 1 Zitrone (unbehandelt), Salz	
4 Eigelb	
50 g abgezogene, gemahlene Mandeln	
100 g Rosinen	unterrühren
4 Eiweiß	steif schlagen
2 Eßl. Zucker	unterschlagen, die Hälfte des Eierschnees unter die Semmelmasse rühren, den Rest vorsichtig unterheben die Masse in eine gefettete, mit
Semmelmehl	ausgestreute Keramik-Kranzform füllen, glattstreichen, abgedeckt etwa **13 Minuten** bei **450 Watt** garen.
Beigabe:	Kompott oder Saft.

Quarkpudding
(3–4 Portionen — Keramik-Pastetenform)

375 g Speisequark (40%ig)	mit
2 Eßl. Zucker	
1–2 Eßl. Zitronensaft	
1 Päckchen Vanillin-Zucker	
2 Eigelb	
2 Eßl. Grieß	verrühren
2 Eiweiß	sehr steif schlagen, unterheben die Quarkmasse in eine gefettete Form mit Deckel (z.B. Keramik-Pastetenform) füllen, abgedeckt etwa **10 Minuten** bei **450 Watt** garen.
Beigabe:	Kompott oder Fruchtsaft.

Quarkauflauf mit Sauerkirschen
(Etwa 4 Portionen)

Für die Kirsch-Sauce

etwa 370 g Sauerkirschen (aus dem Glas) abtropfen lassen, den Saft auffangen, evtl. mit
Wasser auf 375 ml (³/₈ l) Flüssigkeit auffüllen, mit
1 Eßl. Speisestärke verrühren, in eine Glas- oder Porzellan-Schüssel geben
1 Stück Stangenzimt
1 Stück Zitronen-schale (unbehandelt) hinzufügen, abgedeckt **4—5 Minuten** bei **700 Watt** erhitzen, zwischendurch ein- bis zweimal umrühren, mit
Zucker abschmecken

für den Auflauf
50 g weiche Butter geschmeidig rühren, nach und nach
75 g Zucker
1 Päckchen Vanillin-Zucker
2 Eigelb
250 g Speisequark (40%ig)
125 g Magerquark
2 Eßl. Grieß
40 g Rosinen
20 g gehackte Walnußkerne unterrühren
1¹/₂ Eiweiß steif schlagen, unterheben
eine gefettete Keramik-Auflaufform mit
Semmelmehl ausstreuen, die abgetropften Kirschen hineingeben, die Quarkmasse darauf verteilen
¹/₂ Eiweiß mit
knapp 125 ml (¹/₈ l) Milch
¹/₂ Päckchen Vanillin-Zucker
Salz verrühren
1 Baguette-Brötchen in Scheiben schneiden, die Scheiben in dem Milch-Gemisch wenden, schuppenförmig auf die Quarkmasse legen
Butter in Flöckchen darauf geben, offen **10—12 Minuten** bei **700 Watt** garen
den Auflauf etwa 5 Minuten bei Zimmertemperatur stehenlassen, mit der Kirsch-Sauce servieren
Gesamt-Garzeit: 15—17 Minuten.

151

Seite

Seite

Klassische Beilagen — Kartoffeln, Reis und würzige Aufläufe 96/97

Feine schnelle Saucen und dottergelbe Eierspeisen 108/109

Heiße Getränke und aromatische Konfitüren 122/123

A

B

C

D

E

F

Seite

Q

R

S

Sch

T